孫德謙 著

諸子通考

貴州出版集團
貴州人民出版社

圖書在版編目（CIP）數據

諸子通考 / 孫德謙著 . -- 貴陽 : 貴州人民出版社 ,
2024. 9. -- ISBN 978-7-221-18629-4
Ⅰ . B220.5
中國國家版本館 CIP 數據核字第 2024M5J222 號

諸子通考

孫德謙　著

出 版 人　朱文迅
責任編輯　馬文博
裝幀設計　采薇閣
責任印製　衆信科技

出版發行　貴州出版集團　貴州人民出版社
地　　址　貴陽市觀山湖區中天會展城會展東路 SOHO 辦公區 A 座
印　　刷　三河市金兆印刷裝訂有限公司
版　　次　2024 年 9 月第 1 版
印　　次　2024 年 9 月第 1 次印刷
開　　本　710 毫米 ×1000 毫米 1/16
印　　張　21.5
字　　數　129 千字
書　　號　ISBN 978-7-221-18629-4
定　　價　88.00 元

出版説明

《近代學術著作叢刊》選取近代學人學術著作共九十種，編例如次：

一、本叢刊遴選之近代學人均屬于晚清民國時期，卒于一九一二年以後，一九七五年之前。

二、本叢刊遴選之近代學術著作涵蓋哲學、語言文字學、文學、史學、政治學、社會學、目録學、藝術學、法學、生物學、建築學、地理學等，在相關學術領域均具有代表性，在學術研究方法上體現了新舊交融的時代特色。

三、本叢刊遴選之近代學術著作的文獻形態包括傳統古籍與現代排印本，爲避免重新排印時出錯，本叢刊據原本原貌影印出版。原書字體字號、排版格式均未作大的改變，原書之序跋、附注皆予保留。

四、本叢刊爲每種著作編排現代目録，保留原書頁碼。

五、少數學術著作原書内容有些許破損之處，編者以不改變版本内容爲前提，稍加修補，難以修復之處保留原貌。

六、原版書中個別錯訛之處，皆照原樣影印，未作修改。

由于叢刊規模較大，不足之處，懇請讀者不吝指正。

目録

宣統庚戌秋九月

諸子通考

朱祖謀書檢

諸子通攷內外篇爲古人洗寃來學辨惑而作也夫諸子爲專家之業其人則皆思以捄世其言則無悖於經教讀其書者要在尙論其世乂貫審乎所處之時而求其有用茍不知此數者徒疏釋其章句詮品其文辭甚或愛之則附於儒術憎之則擯爲異端此內部之學所以堙晦不明受誣於千載無有爲之表章者也往者三代盛時學統於官天下無私師天下無私書自周轍既東王官失守於是百家蠭作各習所長雖互相攻擊立說或囿一偏實則持之有故言之成理皆以闡明其宗旨歸於不相爲謀可矣所謂專家者此也今夫

春秋以後周爲共主天下相務於戰爭而政異俗殊人心變詐故莊子任天所以誅僭亂之君欲以返諸皇古之治而革其澆漓之習墨翟通權達變其節用非攻之說苟善行之可以救奢而却敵名法家崇實黜僞信賞必罰蓋深惡夫世主之是非不辨功罪不當者而將以其道易之蘇張學於鬼谷子歷說諸侯取富貴於立談儒者每鄙之爲不足道然禁攻息兵天下稍免干戈之患其功烈亦何可輕議若夫管氏相齊一匡九合商君輔秦國富兵强非又成效卓著者乎所謂救世者此也雖然有宋以來尊經之儒輒排諸子今謂無悖

經教將愛而不知其惡乎非也蓋無諸子而聖人之經尊有諸子而聖人之道大吾請試言其略道家合於易之嗛嗛易以道陰陽子韋鄒衍研深陰陽之理蓋又通於易者也墨家爲清廟之守其尊天事鬼出於祝宗非禮官之支與乎法家之明罰敕法固以佐禮義之不及然春秋以道名分則申韓之尊君卑臣崇上抑下其得春秋之學可知矣從橫小說一則具專對之才一則本采風之意雖不無末流之弊皆由詩教推而衍之者也班志具在必一切攘斥之以爲離經畔道是烏可哉抑聞之孟子之言曰誦其詩讀其書不知其人可

乎是以論其世也當七國時上無天子下無方伯兵連禍結民不聊生道家則主清淨墨家則尙儉約名家則正名物法家則重法術縱橫家則聯合邦交以弭戎爲急凡此皆因勢利導所以爲經世之學也且夫天下事有及其時而方信者鄒子九州之說非古所詆爲荒誕者哉乃至今日而其言始驗以此推之諸子道術世有王通其人必將曰如有用我執此以往矣嗚呼諸子者實用之學也彼不識時變者猶且深閉而固距焉豈不傎歟余之從事於茲歷有年所始也析其異同已耳久之而撮其指意觀其會通於是取漢志所載爲

今所未亡者若荀呂諸書發明其一家之言而究其大義復爲提挈綱要別立篇目作要略一書以附彥和文心知幾史通之後既而思之六經之晦也俗儒亂之百氏之衰也異說誤之遂將古今載籍廣爲網羅以總論者入內篇專論者入外篇其是者則引而伸之其非者則辯而正之譬諸武事庶可以摧陷廓清也乎友人張孟劬語予曰仲任論衡中郎祕爲談助子雲太玄君山知其必傳此書出而世當有好之者盍公之天下於是不揣檮昧爲書其大略於此歲在庚戌元和孫德謙自叙

諸子通攷卷一

內篇

元和孫德謙益葊父撰

莊子天下篇曰天下之治方術者多矣皆以其有爲不可加矣古之所謂道術者果惡乎在曰無乎不在曰神何由降明何由出聖有所生王有所成皆原於一不離於宗謂之天人不離於精謂之神人不離於眞謂之至人以天爲宗以德爲本以道爲門兆於變化謂之聖人以仁爲恩以義爲理以禮爲行以樂爲和薰然慈仁謂之君子以法爲分以名爲表以操爲驗以稽爲決其數一二三四是也百官以此相齒以事

爲常以衣食爲主蕃息畜藏老弱孤寡爲意皆有以養民之理也古之人其備乎配神明醇天地育萬物和天下澤及百姓明於本數係於末度六通四闢小大精粗其運無乎不在其明而在數度者舊法世傳之史尚多有之其在於詩書禮樂者鄒魯之士搢紳先生多能明之詩以道志書以道事禮以道行樂以道和易以道陰陽春秋以道名分其數散於天下而設於中國者百家之學時或稱而道之天下大亂賢聖不明道德不一天下多得一察焉以自好譬如耳目鼻口皆有所明不能相通猶百家衆技也皆有所長時有所用雖然

不該不徧一曲之士也判天地之美析萬物之理察古人之全寡能備於天地之美稱神明之容是故內聖外王之道闇而不明鬱而不發天下之人各爲其所欲焉以自爲方悲夫百家往而不反必不合矣後世之學者不幸不見天地之純古人之大體道術將爲天下裂不侈於後世不靡於萬物不暉於數度以繩墨自矯而備世之急古之道術有在於是者墨翟禽滑釐聞其風而悅之爲之太過己之大循作爲非樂命之曰節用生不歌死無服墨子汎愛兼利而非鬬其道不怒又好學而博不異不與先王同毀古之禮樂黃帝有咸池

江蘇存古學堂排印

堯有大章舜有大韶禹有大夏湯有大濩文王有辟雍之樂武王周公作武古之喪禮貴賤有儀上下有等天子棺椁七重諸侯五重大夫三重士再重今墨子獨生不歌死不服桐棺三寸而無椁以爲法式以此敎人恐不愛人以此自行固不愛己未敗墨子道雖然歌而非歌哭而非哭樂而非樂是果類乎其生也勤其死也薄其道大觳使人憂使人悲其行難爲也恐其不可以爲聖人之道反天下之心天下不堪墨子雖獨能任奈天下何離於天下其去王也遠矣墨子稱道曰昔禹之湮洪水決江河而通四夷九州也名川三百支川

三千小者無數禹親自操槖耜而九雜天下之川腓無胈脛無毛沐甚雨櫛疾風置萬國禹大聖也而形勞天下也如此使後世之墨者多以裘褐爲衣以跂蹻爲服日夜不休以自苦爲極曰不能如此非禹之道也不足謂墨相里勤之弟子五侯之徒南方之墨者苦獲已齒鄧陵子之屬俱誦墨經而倍譎不同相謂別墨以堅白同異之辯相訾以觭偶不忤之辭相應以巨子爲聖人皆願爲之尸冀得爲其後世至今不決墨翟禽滑釐之意則是其行則非也將使後世之墨者必自苦以腓無胈脛無毛相進而已矣亂之上也治之下也雖

然墨子眞天下之好也將求之不得也雖枯槁不舍也才士
也夫不累於俗不飾於物不苟於人不忮於衆願天下之安
寍以活民命人我之養畢足而止以此白心古之道術有在
於是者宋鈃尹文聞其風而悅之作爲華山之冠以自表接
萬物以別宥爲始語心之容命之曰心之行以聏合驩以調
海內請欲置之以爲主見侮不辱救民之鬬禁攻寢兵救世
之戰以此周行天下上說下教雖天下不取强聒而不舍者
也故曰上下見厭而强見也雖然其爲人太多其自爲太少
曰請欲固置五升之飯足矣先生恐不得飽弟子雖飢不忘

天下日夜不休曰我必得活哉圖傲乎救世之士哉曰君子不爲苛察不以身假物以爲無益於天下者明之不如已也以禁攻寢兵爲外以情欲寡淺爲內其小大精粗其行適至是而止公而不黨易而無私決然無主趣物而不兩不顧於慮不謀於知於物無擇與之俱往古之道術有在於是者彭蒙田駢愼到聞其風而悅之齊萬物以爲首曰天能覆之而不能載之地能載之而不能覆之大道能包之而不能辯之知萬物皆有所可有所不可故曰選則不偏教則不至道則無遺者矣是故愼到棄知去已而緣不得已泠汰於物以爲

江蘇存古學堂排印

道理曰知不知將薄知而後鄰傷之者也謑髁無任而笑天下之尚賢也縱脫無行而非天下之大聖椎拍輐斷與物宛轉舍是與非苟可以免不師知慮不知前後魏然而已矣推而後行曳而後往若飄風之還若羽之旋若磨石之隧全而無非動靜無過未嘗有罪是何故夫無知之物無建己之患無用知之累動靜不離於理是以終身無譽故曰至於若無知之物而已無用賢聖夫塊不失道豪桀相與笑之曰慎到之道非生人之行而至死人之理適得怪焉田駢亦然學於彭蒙得不教焉彭蒙之師曰古之道人至於莫之是莫之非

而已矣其風窢然惡可而言常反人不聚觀而不免於魭斷
其所謂道非道而所言之韙不免於非彭蒙田駢愼到不知
道雖然槩乎皆嘗有聞者也以本爲精以物爲粗以有積爲
不足澹然獨與神明居古之道術有在於是者關尹老聃聞
其風而悅之建之以常無有主之以太一以濡弱謙下爲表
以空虛不毀萬物爲實關尹曰在己無居形物自著其動若
水其靜若鏡其應若響芴乎若亡寂乎若淸同焉者和得焉
者失未嘗先人而常隨人老聃曰知其雄守其雌爲天下谿
知其白守其辱爲天下谷人皆取先己獨取後曰受天下之

垢人皆取實已獨取虛無藏也故有餘巋然而有餘其行身也徐而不費無爲也而笑巧人皆求福己獨曲全曰苟免於咎以深爲根以約爲紀曰堅則毀矣銳則挫矣常寬容於物不削於人可謂至極關尹老聃乎古之博大眞人哉寂漠無形變化無常死與生與天地並與神明往與芒乎何之忽乎何適萬物畢羅莫足以歸古之道術有在於是者莊周聞其風而悅之以謬悠之說荒唐之言無端崖之辭時恣縱而不儻不以觭見之也以天下爲沈濁不可與莊語以巵言爲曼衍以重言爲眞以寓言爲廣獨與天地精神往來而不敖倪

於萬物不譴是非以與世俗處其書雖瓌瑋而連犿無傷也
其辭雖參差而諔詭可觀彼其充實不可以已上與造物者
游而下與外死生無終始者爲友其於本也弘大而闢深閎
而肆其於宗也可謂調適而上遂矣雖然其應於化而解於
物也其理不竭其來不蛻芒乎昧乎未之盡者惠施多方其
書五車其道舛駁其言也不中歷物之意曰至大無外謂之
大一至小無內謂之小一無厚不可積也其大千里天與地
卑山與澤平日方中方晲物方生方死大同而與小同異此
之謂小同異萬物畢同畢異此之謂大同異南方無窮而有

窮今日適越而昔來連環可解也我知天下之中央燕之北越之南是也氾愛萬物天地一體也惠施以此爲大觀於天下而曉辯者天下之辯者相與樂之卵有毛雞三足郢有天下犬可以爲羊馬有卵丁子有尾火不熱山出口輪不蹍地目不見指不至至不絕龜長於蛇矩不方規不可以爲圓鑿不圍枘飛鳥之景未嘗動也鏃矢之疾而有不行不止之時狗非犬黃馬驪牛三白狗黑孤駒未嘗有母一尺之棰日取其半萬世不竭辯者以此與惠施相應終身無窮桓團公孫龍辯者之徒飾人之心易人之意能勝人之口不能服人之

心辯者之囿也惠施日以其知與人之辯特與天下之辯者爲怪此其柢也然惠施之口談自以爲最賢曰天地其壯乎施存雄而無術南方有倚人焉曰黃繚問天地所以不墜不陷風雨雷霆之故惠施不辭而應不慮而對徧爲萬物說說而不休多而無已猶以爲寡益之以怪以反人爲實而欲以勝人爲名是以與衆不適也弱於德强於物其塗隩矣由天地之道觀惠施之能其猶一蚊一虻之勞者也其於物也何庸夫充一尚可曰愈貴道幾矣惠施不能以此自寧散於萬物而不厭卒以善辯爲名惜乎惠施之才駘蕩而不得逐萬

物而不反是窮響以聲形與影競走也悲夫

謙案此篇論百家之術可謂詳矣其中墨翟禽滑釐爲墨家宋鈃爲小說家尹文爲名家彭蒙爲兵家田駢爲道家慎到爲法家關尹老聃莊周爲道家惠施桓團公孫龍爲名家雖此數子據漢書藝文志有今亡其書者如彭蒙田駢惠施是有並不著錄者如禽滑釐桓團是然諸家學術其源流得失備具于此蓋莊子于書固無所不闚者也其曰南方之墨者苦獲已齒鄧陵子之屬俱誦墨經而倍譎不同相謂別墨以堅白同異之辯相

訾以觭偶不仵之辭相應此言名家原于墨而墨子之中有經與經說爲鄧陵一派所傳也韓子顯學篇稱墨子之後墨分爲三鄧陵氏在焉則墨家之別爲名家其自鄧陵始矣近世推崇墨學以墨子書有經上下經說上下謂係墨翟自著于是有牽合于小學者有附會于格致者而豈知此四篇實皆名家之說即莊子所云別墨者也嘗攷之列子公子牟述公孫龍之言有影不移者說在改令經中載之疑爲龍所作其後再讀龍書凡堅白不相外彼彼止于彼此此止于此均與經言相同

江蘇存古學堂排印

益疑之顧傳有之曰雖善無徵無徵不信此雖不必果出于龍而篇中于墨家特著相里勤之弟子五侯之徒並及其堅白同異之辯則經及經說爲名家之術而非即墨氏之正宗明甚余嘗謂諸子之學不但異術百家即一家之內亦有派別蓋爲此也或曰墨子一家別有流派既聞命矣其詳可得而言與曰從横者非一家之學乎而蘇秦則爲從矣張儀則爲横矣刑名法術亦一家之學也不讀韓非書乎申子則用術矣商子則用法矣即如莊周不與關尹老聃同爲道家乎乃區之于二

子之外曰芴漠無形變化無常死與生與天地並與神明往與芒乎何之忽乎何適萬物畢羅莫足以歸古之道術有在於是者莊周聞其風而悅之是莊子於道家宗尚不同自成一子者也不寧惟是諸子之有派別易所云天下同歸而殊途是也又有各從所長以明其指而其源無不合者即易所云一致而百慮是也或曰敢請其說曰法家之商鞅以重農爲務其書有墾草令劉向別錄云神農二十篇商君所說則通於農家者也韓非子者亦法家也而有解老喻老二篇史記列傳謂其

原道德之意則通於道家者也若尹文慎到非一爲名家一爲法家乎觀於斯篇尹文之不累於俗不飾於物不苟於人不忮於衆則與小說家之宋鈃其道相同慎到之不顧於慮不謀於知於物無擇與之俱往則與兵家之彭蒙道家之田駢可以相提並論由是言之諸子各異其家而百慮者未嘗不一致也是故治丙部者於異同分合之間苟非眞知灼見必不能通其學不能通其學而能讀其書者有之乎吾見亦罕矣雖然是篇敘次百家而並溯莊周者何哉將全書非周所作與曰奚

獨周書晏子紀歿後之事荀子錄爲說之語管氏稱桓
公之謚韓非列李斯之議在諸子皆非自撰若莊子一
書蓋亦爲其學者筆而記之耳且游文六經者儒家之
道也莊子故曰其在於詩書禮樂者鄒魯之士搢紳先
生多能明之然其言曰詩以道志書以道事禮以道行
樂以道和易以道陰陽春秋以道名分既已挈其要旨
矣而於其後則謂百家之學時或稱而道之豈彼百家
者亦深於經義者乎曰班志諸子略云合其要歸皆六
經之支與流裔劉彥和亦云述道言治枝條五經則後

儒屏諸子爲異端而以爲離經畔道者其說不足信矣至莊子之學雖剽剝儒墨令歷辨百家而獨不數孔子者斯固尊聖之顯然者也昔人已先我言之且有專篇別論茲故略焉

附錄

王應麟漢書藝文志攷證西山眞氏曰莊生所述諸子墨翟禽滑釐其一也宋鈃尹文其二也彭蒙田駢愼到其三也關尹老聃其四也莊周其五也惠施其六也異端之盛莫甚於此時

謙案異端之說出於孔子聖人之意蓋謂道非一端各有所受不必伐異黨同互相攻擊也故曰攻乎異端斯害也已後人不明此義以諸子專家之術拒之吾儒之外概以異端斥之抑何所見之小哉夫吾道一貫聖人言之是故老子則往而問禮矣管子則許其如仁矣儉以從衆墨氏則受其業矣（淮南子墨翟受孔子之業）白而不緇公孫則傳其學矣（史記公孫龍爲堅白異同之辯索隱以龍爲孔子弟子論語不曰堅乎不曰白乎當其說之所本）此孔子之大所以百家騰躍終入環內者也乃眞氏以墨翟諸家盡目之曰異端豈以儒家之道惟以尊經而百家

皆在所屛乎不知無諸子而聖人之經固尊有諸子而聖人之道益廣又何必巧𧈧而深排哉且墨子而下以其時攷之有前乎莊子者矣其言盛於此時則亦非也何則莊子天下一篇蓋詳敍學術之源流耳非謂異端並起極一時之盛也世之儒者毋拘西山之說而黜諸子爲異端可矣

章學誠校讎通義六藝之書與儒家之言固當參觀于儒林列傳道家名家墨家之書則列傳而外又當參觀於莊周天下之篇也蓋司馬遷敍傳所推六藝宗旨尚未究其

流別而莊周天下一篇實爲諸家學術之權衡著錄諸家宜取法也觀其首章列敘舊法世傳之史與詩書六藝之文則後世經史之大原也其後敘及墨翟禽滑釐之學則墨支（墨翟弟子）墨別（相里勤以下諸人）墨言（禹湮洪水以下是也）墨經（苦獲已齒鄧陵子之屬皆誦墨經是也）具有經緯條貫較之劉班著錄源委尤爲秩然不啻儒林列傳之於六藝略也宋鈃尹文田駢慎到關尹老聃以至惠施公孫龍之屬皆諸子略中道家名家所互見然則古人著書苟欲推明大道未有不辨諸家學術源流著錄雖始於劉班而義法實本於前古也

江蘇存古學堂排印

謙案漢志諸子一略其用互見之法者如公孫尼子既入儒家而雜家又錄其一篇道家有伊尹五十一篇鬻子二十二篇而雜家之中亦載兩家之說此其重複互見雖書有缺佚不傳者無以攷其分別部居之意然執是以觀則若者爲儒若者爲道固可以辨其家數而諸子之同源異流於此蓋亦可悟矣且古人有言曰書必博觀章氏謂列傳而外當參觀於莊子是也吾謂治諸子者要當參攷于史記何也觀管晏列傳則知脫越石于縲絏薦御者爲大夫皆晏子軼事今本所載出于劉

向編定不必疑爲僞託（近管巽之據此二事斷爲六朝僞造其說甚非辨見後）觀韓非本傳則知非之著書因睹韓國衰弱不能斷之於法於是發憤而作余撰諸子要略別著參史一篇蓋欲讀其書者參觀而互得也今故本章氏之言而畧論之如此

尸子廣澤篇墨子貴兼孔子貴公皇子貴衷田子貴均列子貴虛料子貴別囿其學之相非也數世矣而已皆弇於私也天帝后皇辟公弘廓宏溥介純夏幠冢晊昄皆大也十有餘名而實一也若使兼公虛均衷平易別囿一實則無相非也

謙案尸子之學出於雜家其書至宋已亡今本爲近儒

搜輯雖不足窺其全然雜家者流兼儒墨合名法通於衆家之意此篇謂若使兼公虛均衷平易別囿一實則無相非則其意之所注在博采包舉將以息百家之爭眞漢志所謂見王治之無不貫也且由其說而求之孔子之道以公爲貴固無論已田駢之書雖已散佚皇子料子雖不載班書諸子畧而讀墨子列子者其一以貴兼一以貴虛舍是固無以達其神恉矣何也墨子之學見於魯問篇者有曰凡入國必擇務而從事焉國家昏亂則語之尙賢尙同國家貧則語之節用節葬國家憙

音湛湎則語之非樂非命國家淫僻無禮則語之尊天事鬼國家務奪侵淩則語之兼愛是其權時制宜立言有當洵足以備世之急者也然其大要一言以蔽之則兼愛而已矣尚賢篇曰其爲政乎天下也兼而愛之從而利之尚同篇曰凡使民尚同者愛民不疾民無可使者曰必疾愛而使之可知墨子之尚賢尚同卽由兼愛之意引而伸之觸類而長之者也彼若節用諸語苟本兼愛之說以擷其旨義固無有不可通者雖其出而經國順機利導不囿於偏方之見而兼愛者要其道之所

貴也孟子曰墨子兼愛摩頂放踵利天下爲之至窮其末流之失則曰墨氏兼愛是無父也蓋惟墨子貴兼而治其術者但守兼愛之言不知别親疏致有無父之弊也然執是以譏墨子則非矣列子者道家也張湛序之曰其書大略明羣有以至虛爲宗萬品以終滅爲驗神惠以凝寂常全想念以著物自喪生覺與化夢等情若是貴虛者誠列子全書之義也而貴則尸子已提其要矣雖然其學相非皆弇于私尸子之爲是言豈墨子而外各挾其私家之學黨同妬眞而甘爲此嘵嘵之辨乎

曰此尸子之觝排後學也不然孔子豈若此哉昔荀子儒家也以子張子夏子游稱之爲賤儒夫三子者得聖道之一體列德行之四科荀子非不知之其目之爲賤者正以貶斥並世之辟儒耳諸子之互相駁詰不能從善服公蓋亦數傳而後循名失實者之過也或曰儒墨並稱昔人已議其非矣今敘列諸子而以墨子爲冠何其卑視孔子若斯乎曰雜家之術綜貫百家孔墨先後之分非有意重輕之也嘗謂治諸子者必先辨其家數乃能得其宗旨若果得其宗旨則自成一家者雖使立

說不同或與吾儒相異不必與之細辨也況尸子之尊
堯舜論仁恕不悖於儒而又屢引孔子之言以闡其理
乎要之斯篇之意在揭諸子之指歸而雜家之所以博
通衆家於此蓋大可見矣
呂氏春秋不二篇七曰聽羣衆人議以治國國危無日矣何
以知其然也老眈貴柔孔子貴仁墨翟貴廉關尹貴清子列
子貴虛陳駢貴齊陽生貴己孫臏貴勢王廖貴先兒良貴後
有金鼓所以一耳必同法令所以一心也智者不得巧愚者
不得拙所以一衆也勇者不得先懼者不得後所以一力也

故一則治異則亂一則安異則危夫能齊萬不同愚智工拙皆盡力竭能如出乎一穴者其唯聖人矣乎無術之智不教之能而恃彊速貫習不足以成也

謙案呂氏春秋者雜家也漢志於雜家云兼儒墨合名法知國體之有此見王治之無不貫則其於儒墨諸家兼收並蓄周足見道之所包者廣矣此篇以不二爲目而其言曰一則治異則亂一則安異則危又足徵雜家之學在博貫衆家欲以措之治道者也然則後之論者徒以其不名一家而訾之爲駁雜觀於呂氏可知其大

不然矣雖然其言老耽貴柔者何也老子之術以卑柔爲主道德經曰堅强者死之徒柔弱者生之徒强大處下柔弱處上又曰天下莫柔弱於水而攻堅强者莫之能勝豈非老子所貴在柔乎（莊子論同可參觀天下篇）其言墨翟貴廉者何也墨子尚儉其書有節用節葬皆以明儉約之義則所貴在廉又斷可識矣雖墨子宗旨備於魯問篇者權時立言不拘一術而尸子則謂之貴兼呂氏則謂之貴廉似乎見仁見知莫由適從矣不知史記云墨翟善守禦爲節用而莊周亦謂使後世之墨者多以裘褐爲

衣以跂蹻爲服日夜不休以自苦爲極則不韋貴廉之說蓋又墨學之鉤玄提要也問者曰關尹列子同爲道家乃一以貴清一以貴虛何所貴不同若此乎豈諸子學術一家之內果有派別與曰是也列子之貴虛尸子已言之關尹子曰得道之清者物莫能累是自揭其恉之所在以清爲本也抑吾聞之亢倉子曰心平正不爲外物所誘曰清（亢倉子書漢書不載）此雖不爲關尹言而道家之清心寘慾若關尹者其宗尚不外乎是矣且其下曰清而能久則明明而能久則虛若是清虛之辨而關列異同

之故又可攷而知也是故老聃而後凡讀其書者苟循是以求之在彼在此而有不可通者未之前聞何則呂氏固已絜其宏綱矣若夫論列諸子而首崇老聃者非以抑我孔子也雜家出於議官與道家之秉要執本殊塗而同歸則其託始老聃也不亦宜哉

又案陳駢爲田駢漢志列之道家其書久亡陽生貴己卽孟子所云楊氏爲我也其餘孫臏王廖兒良皆爲兵家之學而書缺有間故存而不論云

王應麟困學紀聞呂氏春秋曰老聃（原作耽）貴柔孔子貴仁墨翟貴廉關尹貴淸子列子貴虛陳駢貴齊陽朱（原作生）貴已孫臏貴勢王廖貴先兒良貴後荀子曰愼子有見於後無見於先老子有見於詘無見於信墨子有見於齊無見於畸宋子有見於少無見於多墨子有見於齊兼愛也陽朱貴已爲我也呂氏以孔子列于老子之後秦無儒故也

謙案雜家之術折衷于道呂氏之先老聃此固家學使然非以貶抑孔子也余已闡明其義矣王氏乃推原其故歸於秦之無儒豈遂足爲定論哉夫焚書坑儒千古

詬病然亦未攷其實也何則夾漈鄭氏曰陸賈秦之巨儒酈食其秦之儒生叔孫通秦時以文學召待詔博士數歲陳勝起二世召諸儒生三十餘人而問其故皆引春秋之義以對是則秦時未嘗不用儒生與經學也況叔孫通降漢時自有弟子百餘人齊魯之風亦未嘗替故項羽既亡之後而魯爲守節禮義之國則知秦時未嘗廢儒而始皇之所坑蓋一時議論不合者耳由此觀之王氏無儒之說則亦孟子所云堯舜不勝其美桀紂不勝其惡是也見孟子外書不但此也不韋之作春秋固又

徵集儒書使各著其所聞（說本高誘）故聖人佚事視魯論爲尤詳則其書雖合衆而成而儒家亦與乎其間有斷然者矣

又案墨子宗旨呂氏謂之貴廉余以史記本傳但稱其節用知其就尙儉言矣或有謂余曰尸子貴兼之說可以隱括墨學若不韋之貴廉專指節用節葬二端不足統貫全書廉蓋兼字之通假盍一證之（此友人張君孟劬說）今攷周禮煣牙外不熑今本考工輪人熑作燫說文食部䭠篆下一曰廉潔也禾部稴讀若風廉之廉爾雅釋草蒹薕

郭注江東呼爲薕藡詩蒹葭蒼蒼陸機疏青徐人謂之薕則廉之與兼古必同聲通用呂氏以墨子之道所貴在廉殆與尸子無別也爰補其義於此

荀子非十二子篇假今之世飾邪說文姦言以梟亂天下欺惑愚衆矞宇嵬瑣使天下混然不知是非治亂之所存者有人矣縱情性安恣睢禽獸之行不足以合文通治然而其持之有故其言之成理足以欺惑愚衆是它囂魏牟也忍情性綦谿利跂苟以分異人爲高不足以合大衆明大分然而其持之有故其言之成理足以欺惑愚衆是陳仲史鰌也不知

壹天下建國家之權稱上功用大儉約而僈差等曾不足以容辨異縣君臣然而其持之有故其言之成理足以欺惑愚衆是墨翟宋鈃也尚法而無法下脩而好作上則取聽於上下則取從於俗終日言成文典及紃察之則倜然無所歸宿不可以經國定分然而其持之有故其言之成理足以欺惑愚衆是慎到田駢也不法先王不是禮義而好治怪說玩琦辭甚察而不惠辯而無用多事而寡功不可以爲治綱紀然而其持之有故其言之成理足以欺惑愚衆是惠施鄧析也略法先王而不知其統猶然而材劇志大聞見雜博案往舊

造說謂之五行甚僻違而無類幽隱而無說閉約而無解案飾其辭而祗敬之曰此眞先君子之言也子思唱之孟軻和之世俗之溝猶瞀儒嚾嚾然不知其所非也遂受而傳之以爲仲尼子游爲茲厚於後世是則子思孟軻之罪也若夫總方略齊言行壹統類而羣天下之英傑而告之以大古敎之以至順奧窔之閒簟席之上斂然聖王之文章具焉佛然平世之俗起焉則六說者不能入也十二子者不能親也無置錐之地而王公不能與之爭名在一大夫之位則一君不能獨畜一國不能獨容成名況乎諸侯莫不願以爲臣是聖人

之不得埶者也仲尼子弓是也一天下財萬物長養人民兼利天下通達之屬莫不從服六說者立息十二子者遷化則聖人之得埶者舜禹是也今夫仁人也將何務哉上則法舜禹之制下則法仲尼子弓之義以務息十二子之說如是則天下之害除仁人之事畢聖王之跡著矣

謙案荀子之學一本於禮勸學篇所謂始乎誦經終乎讀禮是其義也後儒不知以其性惡之說與此篇之非及思孟遂交口譏之豈知性惡者所以原制禮之意貶黜諸家而並數思孟者亦懸禮以定之也何以明其然

哉禮論曰先王惡其亂也故制禮義以分之是禮之興也由於據亂而作矣於性惡篇曰誠以人之性固正理平治則有惡用聖王惡用禮義非謂性不皆善而禮教不可不立乎蓋荀子長于禮禮者事爲之制曲爲之防故其論性也歸之于惡欲使人循循于禮法不復率性而行耳若不達其立言之指而以性惡爲非眞可謂不善讀書者矣然菲擯諸子而謂其折衷於禮焉則又何說勸學有曰禮之敬文也則它囂魏牟之縱情性安恣睢不足以合文通治可知其不合於禮矣非相篇曰辨

莫大於分分莫大於禮則隱仲史鰌以分異人爲高不足以合大衆明大分蓋又不合於禮者也若墨翟以下使非執禮以爲之衡何以一則曰不足以容辨異縣君臣一則曰不可以經國定分而于惠施鄧析直稱其不是禮義乎由是言之荀子之於諸子目之爲邪說姦言實責其不適於禮亦皦然易明矣雖然子思孟子俱爲儒家之學豈又有不深於禮者乎曰諸子各有派別一儒家也而宗旨有不同者矣何則子思二十二篇其書已殘佚不全孟子曰諸侯之禮我未之學於周室班爵

祿又謂其詳不可得聞乃其開宗明義則云何必曰利亦有仁義可見孟子之道主於仁義而禮特其略焉者也荀子之言曰將原先王本仁義禮正其經緯蹊徑令於子思孟子獨謂略法先王而不知其統非以孟子明仁義而未知統貫於禮乎故讀荀子者苟識其宗旨而約之以禮不第性惡之言非由憤激而于十二子中兼及思孟亦歸之不相爲謀可也況其以禮爲斷與不然儒家之道始於堯舜備於孔子其稱舜禹仲尼者非儒家崇尚誠當若是耶且知人論世者讀書之要道也它

頤而後以吾攷之皆不與荀子同時篇首謂假令之世實以紲後之不善學者耳觀於子張三子部之爲賤儒則子思孟子亦必攘斥之者荀子蓋詆毁世之溝猶瞀儒也抑聞之長於此者必短於彼諸子之不詳於禮固蔽所見聞矣荀子雖潤色儒業務以息諸家之說乃旣言其欺惑愚衆矣必曰持之有故言之成理然則古人爲學之方博覽周知非一切屛諸異端遂以沒其所長也學者之於諸子又奚容深閉而固距也哉

又案十二子中思孟爲儒家惠施鄧析則爲名家之術

至它囂陳仲史鰌不見於漢志者固無論已羣輔錄於
三墨云此宋鈃尹文之墨今荀子亦以墨與宋並稱是
足徵宋鈃雖小說家而實通於墨也若慎到之於田駢
莊子嘗合言之吾已於前篇詳之矣故不贅云

附錄

韓詩外傳夫當世之愚飾邪說文姦言以亂天下欺惑衆
愚使混然不知是非治亂之所存者則是范雎魏牟田文
莊周慎到田駢墨翟宋鈃鄧析惠施之徒也此十子者皆
順非而澤聞見雜博然而不師上古不法先王按往舊造

說務而自功道無所遇一二人相從故曰十子者之工說說
皆不足合大道美風俗治紀綱然其持之各有故言之皆
有理足以欺惑衆愚交亂樸鄙則是十子之罪也若夫總
方略一統類齊言行羣天下之英傑告之以大道教之以
至順奧窔之間袵席之上簡然聖王之文具沛然平世之
俗起工說者不能入也十子者不能親也無置錐之地而
王公不能與爭名則是聖人之未得志者也仲尼是也舜
禹是也仁人將何務哉上法舜禹之制下則仲尼之義以
務息十子之說如是者仁人之事畢矣天下之害除矣聖

人之迹著矣詩曰雨雪瀌瀌見晛聿消

謙案外傳一書其說皆宗荀子今本非十二子篇而無子思孟子并於它囂三子易之以范睢田文莊周似有意去取之也不知此特傳聞之異耳蓋古人以口耳授受不必親見其書也不然文義之間何亦與荀子迥乎有別哉其得之傳聞斷可知矣雖然史遷有言曰爲儒學者必絀老子爲老子者必絀儒學則其引詩見晛聿消者在韓氏之意蓋謂聖人有作彼十子之飾說文言必能歸之寂滅也夫韓氏長於詩諸家學術不甚闡明

經義者必一切屏除之亦其宜矣然遂謂諸子皆不足重則未可也昔漢武用董子之言擯黜百家表章六藝豈不欲推崇聖道哉乃今觀春秋繁露凡陰陽名法仲舒無不稱之是知古之大儒雖以尊聖而於異已者未嘗廢棄也吾故於荀子之非駁諸家既言其以禮爲衡不欲掩人所長矣今又爲此說者俾知一家之中果欲推明其旨於派別不同者無妨爲之辨詰也況韓氏之列在儒林哉

王應麟困學紀聞荀卿非十二子韓詩外傳引之止云十

子而無子思孟子愚謂荀卿非子思孟子蓋其門人如韓非李斯之流託其師說以毀聖賢當以韓詩為正

謙案王氏此說尊信韓詩而為荀子辨誣其意良足取矣然荀子之非斥思孟由于宗旨之不同而韓詩之止云十子實出傳聞之異伯厚固未見及此也夫孟子法先王荀子則曰法後王孟子道性善荀子則曰人性惡此豈荀子有激而云故與孟子相反哉蓋同為儒家而宗旨不妨別出也勸學篇學至乎禮而止是荀子之書其大要一宗於禮矣揚子法言曰吾於孫卿見同門而

異戶可知荀孟于儒家之中各行其是無容伸彼而絀此也若韓詩之不載思孟者當漢之初孟荀並稱在韓氏亦記其所聞耳不然既從荀子之言豈又恐乖背孟子遂因而刪削之乎雖然王氏本諸韓詩而爲荀子辨其非其心未嘗不是也乃無所依據必歸咎於韓非李斯此則所謂欲加之罪何患無辭耳夫李斯之相秦也專任刑法彼特阿諛苟容以長君之惡而於師說則悖道而馳其人誠不足重矣然荀子全書雖爲後人編錄此篇之非及思孟要不得謂李斯所增益也至韓非子

者其著書立說固見韓之卑弱不務修明其法制有爲而作曷嘗以訕謗聖賢爲事哉即其中有詆及儒家者誠以法家之道綜覈名實儒者末流之弊往往空言無補遂爲韓非所屏耳且讀古人書不貴知人論世乎史記云韓非者韓之諸公子夫以同姓之臣傷宗社將亡而推其衰亂之由在不能信賞必罰則其明法者實皆經國之謨也嘗觀其存韓篇以爲入秦而後猶思有以保衛之斯眞愛國者之所爲然則如非者非韓之忠臣與故讀其書者苟知爲韓而作則不敢輕肆譏彈矣乃

王氏不察其立言之意鄉壁虛造反爲之深文周內甚
矣韓非之寃也

太史談論六家要指易大傳天下一致而百慮同歸而殊塗夫陰陽儒墨名法道德此務爲治者也直所從言之異路有省不省耳嘗竊觀陰陽之術大祥而衆忌諱使人拘而多所畏然其序四時之大順不可失也儒者博而寡要勞而少功是以其事難盡從然其序君臣父子之禮列夫婦長幼之別不可易也墨者儉而難遵是以其事不可偏循然其彊本節用不可廢也法家嚴而少恩然其正君臣上下之分不可改

矣名家使人儉而善失眞然其正名實不可不察也道家使
人精神專一動合無形贍足萬物其爲術也因陰陽之大順
采儒墨之善撮名法之要與時遷移應物變化立俗施事無
所不宜指約而易操事少而功多儒者則不然以爲人主天
下之儀表也主倡而臣和主先而臣隨如此則主勞而臣逸
至於大道之要去健羨絀聰明釋此而任術夫神大用則竭
形大勞則敝形神騷動欲與天地長久非所聞也夫陰陽四
時八位十二度二十四節各有教令順之者昌逆之者不死
則亡未必然也故曰使人拘而多畏夫春生夏長秋收冬藏

此天道之大經也弗順則無以爲天下綱紀故曰四時之大順不可失也夫儒者以六藝爲法六藝經傳以千萬數累世不能通其學當年不能究其禮故曰博而寡要勞而少功若夫列君臣父子之禮序夫婦長幼之别雖百家弗能易也墨者亦尚堯舜道言其德行曰堂高三尺土階三等茅茨不翦采椽不刮食土簋啜土刑糲粱之食藜藿之羹夏日葛衣冬日鹿裘其送死桐棺三寸舉音不盡其哀教喪禮必以此爲萬民之率使天下法若此則尊卑無别也夫世異時移事業不必同故曰儉而難遵要曰彊本節用則人給家足之道也

此墨子之所長雖百家弗能廢也法家不別親疏不殊貴賤
一斷於法則親親尊尊之恩絕矣可以行一時之計而不可
長用也故曰嚴而少恩若尊主卑臣明分職不得相踰越雖
百家弗能改也名家苛察繳繞使人不得反其意專決於名
而失人情故曰使人儉而善失眞若夫控名責實參伍不失
此不可不察也道家無爲又曰無不爲其實易行其辭難知
其術以虛無爲本以因循爲用無成勢無常形故能究萬物
之情不爲物先不爲物後故能爲萬物主有法無法因時爲
業有度無度因物與合故曰聖人不朽時變是守虛者道之

常也因者君之綱也羣臣並至使各自明也其實中其聲者謂之端實不中其聲者謂之窾窾言不聽姦乃不生賢不肖自分白黑乃形在所欲用耳何事不成乃合大道混混冥冥光耀天下復反無名凡人所生者神也所託者形也神大用則竭形大勞則敝形神離則死死者不可復生離者不可復反故聖人重之由是觀之神者生之本也形者生之具也不先定其神而曰我有以治天下何由哉

謙案隋志云史官者必求博聞强識疏通知遠之士使居其位百官衆職咸所貳焉是故前言往行無不識也

天文地理無不察也人事之紀無不達也若是爲史官者非閎覽博物之君子蓋不足以當之矣馬遷之作史記也其自述著撰之意有云罔羅天下放失舊聞王迹所興原始察終見盛觀衰論考之行事略推三代錄秦漢上記軒轅下至於茲豈非博聞强識疏通知遠之士哉雖然遷固稟承家學者也談之論列六家而以道爲主漢志云道家者流出於古之史官則史必推本於道也明矣夫史官之設剏於黃帝倉頡沮誦實居其職老聃之在周也又親爲柱下史然則道家之稱黃老殆以

史道在此乎談之言曰余先周室之太史自上世常顯
功名於虞夏典天官事又學天官於唐都習道論於黄
子則其辨析六家之旨折衷道家眞史職所當然也今
夫諸子之術各有蔽短非後世所詆爲異端者乎乃談
於陰陽家則曰四時之大順不可失也於儒家則曰列
君臣父子之禮序夫婦長幼之别雖百家弗能廢於墨
家則曰彊本節用人給家足之道於法家則曰尊主卑
臣明分職不得相踰越百家弗能改於名家則曰控名
責實參伍不失此不可不察雖未嘗不指陳其弊而能

揭諸家之所長其立說亦可謂公矣且彼六家者談謂其皆務爲治此又可知古人爲學未有不深明治道者也是故陰陽一家若子韋鄒衍雖書佚不傳然其敬順昊天歷象日月星辰敬授民時斯固長於治術矣儒家之荀孟所如不合遂至退而著書然觀於晏子其治齊也不愧助人君順陰陽明教化矣墨子魯問篇曰凡入國必擇務而從事焉國家昏亂則語之尚賢尚同國家貧則語之節用節葬國家憙音湛湎則語之非樂非命國家淫僻無禮則語之尊天事鬼國家務奪侵凌則語

之兼愛是其通達經權將以其道出而治世矣法家一斷於法其失也嚴刻少恩劉向別錄曰申子之學主於刑名刑名者循名以責實尊君卑臣崇上抑下宜其佐治昭侯國富兵強諸侯不敢侵韓矣若商鞅韓非者蓋又一則卓著成效一則徒懷孤憤者也名家之所存者今不有鄧析尹文與公孫龍子乎昔子路問孔子曰衛君待子而爲政子將奚先子曰必也正名則正名者爲治國之首務矣嗚呼後之儒者不通於經世之學方且仇視諸子而思一切放棄之不亦慎乎淮南子曰百川

異源而皆歸於海百家殊業而皆務於治其知言哉其
知言哉
又案道家之中其治行顯著者若太公與周管子霸齊
皆是也鬻子一書或且疑爲僞造不知道家者君人南
面之術今觀其言曰民者積愚也雖愚明主撰吏焉必
使民興焉仁與信和與道帝王之器天地闢而萬物生
萬物生而人爲政無不能生而無殺又稱禹湯之治天
下皆以得賢爲務則鬻子明於君道固非獨任淸虛可
以爲治者矣老子者周衰而作曰天下多忌諱而民彌

貧民多利器國家滋昏人多伎巧奇物滋起法令滋彰

盜賊多有民之饑以其上食稅之多是以饑民之難治

以其上之有爲是以難治蓋有見末世紛更君暗於上

民擾於下此所以慕無爲之治也其他若莊列若關尹

若鶡冠雖有貴淸貴虛之別言意言用之分其正本淸

源崇實黜僞苟以治理求之皆恭已南面者所當取法

也豈後之謬附道家專言長生之術以蠱惑君心者所

可與之同語哉且道家之論養生也蓋欲使爲人君者

盡其年壽無奪於聲色貨利以自賊其身而已今日不

先定其神治天下何由然則君臨萬國治亂所關其可敝精勞神而不宗道家之學哉

附錄

梁元帝金樓子天下一致而百慮同歸而殊途何者夫儒者列君臣父子之禮序夫婦長幼之別墨者堂高三尺土階三等茅茨不剪采椽不斲冬日以鹿裘爲禮盛暑以葛衣爲貴法家不殊貴賤不別親疎嚴而少恩所謂法也名家苛察繳繞檢而失眞是謂名也道家虛無爲本因循爲務中原喪亂實爲此風何鄧誅於前裴王滅於後蓋爲此

也

謙案梁元此文說本史談其以道家之學謂爲虛無爲本因循爲務蓋亦知六家之旨秉要執本不能不歸之於道乃於何鄧諸人所以被誅滅之故推其原於此則未識何晏之徒彼特學於道家而實失其眞者耳夫道家爲君人南面之術其虛無因循云者固就君道言之談之說曰虛者道之常因者君之綱蓋以爲人上者當清虛自守少私寡欲出而治民又當因其好惡以施政令不可擅作威福逆民之意而自取覆亡也乃後人不

明此意言虛無則入之玄妙言因循則失之廢弛於是
放浪形骸違背禮制不但親受殺身之禍並以亡人之
國若何鄧數子皆其驗也而道家豈任其咎哉夫諸子
之中其最亂者莫如道家始焉方士託之神仙漢志神仙在方伎家
以求長生不死之術三國以降釋家竊其餘緒而別立
爲一幟至符籙之事出又惑人於禍福而去道滋遠矣
雖然似是而非者則以晉人清談爲尤甚何則典午之
世剖析元理未嘗不依據道家而浮文妨要恥尙失所
遂使老莊之書所以爲治世之術堙沒而不得復顯者

皆何鄧輩有以致之也傳曰惡莠恐其亂苗吾能無深惡之乎而梁元反以爲道家之失此則大謬不然者也困學紀聞西山眞氏曰列儒者於陰陽墨名法道家之間是爲儒者特六家之一爾而不知儒者之道無所不該王道之所長儒者皆有之其短者吾道之所棄也談之學本於黃老故其論如此

謙案西山之說以儒道甚大無所不該不當列之六家之一其尊儒也可謂至矣然儒家之術在後世言之固尊無二上當史談時則尚未顯貴於世也史記儒林列

傳曰文帝本好刑名之言及至孝景不任儒者而竇太后又好黄老之術故諸博士具官待問未有進者及竇太后崩武安侯田蚡爲丞相絀黄老刑名百家之言延文學儒者數百人由此觀之其言不任儒者絀黄老刑名百家之言豈非百家未絀之先儒者不見任用但與名墨諸家同爲一家之學乎孟子曰誦其詩讀其書不知其人可乎是以論其世也夫不能知人論世而執後來之所見肆力譏彈此古書之所以多堙晦也且通天地人曰儒今謂王道所長儒者皆有其說亦良是特不

知談之論次六家各推其所長以爲皆務於治方以見
古人爲學不事空言無不可措之世用如西山意將道
墨陰陽必盡斥爲異端而惟以尊儒乎夫尊儒可也尊
儒而沒諸家之所長史談所不忍爲也若夫談之學本
黃老此蓋爲史官者所當如是非宗尚黃老而遂以抑
儒也余已釋其義於前故不贅云
淮南子要略篇文王之時紂爲天子賦斂無度殺戮無止康
梁沈湎宮中成市作爲炮烙之刑刳諫者剔孕婦天下同心
而苦之文王四世纍善修德行義處岐周之間地方不過百

里天下二垂歸之文王欲以卑弱制強暴以爲天下去殘除賊而成王道故太公之謀生焉文王業之而不卒武王繼文王之業用太公之謀悉索薄賦躬擐甲冑以伐無道而討不義誓師牧野以踐天子之位天下未定海內未輯武王欲昭文王之令德使夷狄各以其賄來貢遼遠未能至故治三年之喪殯文王於兩楹之間以俟遠方武王立三年而崩成王在褓襁之中未能用事蔡叔管叔輔公子祿父而欲爲亂周公繼文王之業持天子之政以股肱周室輔翼成王懼爭道之不塞臣下之危上也故縱馬華山放牛桃林敗鼓折枹搢

務而朝以甯靜王室鎮撫諸侯成王既壯能從政事周公受
封於魯以此移風易俗孔子修成康之道述周公之訓以教
七十子使服其衣冠修其篇籍故儒者之學生焉墨子學儒
者之業受孔子之術以爲其禮煩擾而不說厚葬靡財而貧
民服傷生而害事故背周道而用夏政禹之時天下大水禹
身執虆垂以爲民先剔河而道九歧鑿江而通九路辟五湖
而定東海當此之時燒不暇撌濡不給扢死陵者葬陵死澤
者葬澤故節財薄葬閑服生焉齊桓公之時天子卑弱諸侯
力征南夷北狄交伐中國中國之不絕如綫齊國之地東負

海而北障河地狹田少而民多智巧桓公憂中國之患苦夷狄之亂欲以存亡繼絕崇天子之位廣文武之業故管子之書生焉齊景公內好聲色外好狗馬獵射亡歸好色無辨作爲路寢之臺族鑄大鐘撞之庭下郊雉皆雊一朝用三千鐘贛梁邱據子家噲導於左右故晏子之諫生焉晚世之時六國諸侯谿異谷別水絕山隔各自治其境內守其分地握其權柄擅其政令下無方伯上無天子力征爭權勝者爲右恃連與國約重致剖信符結遠援以守其國家持其社稷故縱橫修短生焉申子者韓昭釐之佐韓晉別國也地墽民險而

介於大國之間晉國之故禮未滅韓國之新法重出先君之令未收後君之令又下新故相反前後相繆百官背亂不知所用故刑名之書生焉秦國之俗貪狼强力寡義而趨利可威以刑而不可化以善可勸以賞而不可厲以名被險而帶河四塞以爲固地利形便畜積殷富孝公欲以虎狼之勢而吞諸侯故商鞅之法生焉

謙案古人著書皆以序列於後若子長史記叔重說文是也此以要略名篇詳敘其述作之意固亦全書之序錄也今自太公以下溯其緣起又於諸家學術明其爲

經世之要圖蓋淮南爲雜家而百家之書靡不周覽此所以能通衆家之旨也夫太公管子漢志次之道家道家者君人南面之術也不此之察疑其出於依託詎知一則去殘除賊佐文王以興周一則存亡繼絕相桓公以霸齊斯可見道家一流長於治道非後之神仙所可同年而語矣（神仙家班志入之方伎略）儒家之備於周孔人固無不知之然其言曰周公受封於魯以此移風易俗而於孔子則謂述周公之訓以教七十子使服其衣冠修其篇籍豈儒學之興實始於魯乎昔韓起聘魯而觀書（左傳韓宣子聘魯觀

書於太史氏見易象與魯春秋是此二經皆所未有季札適魯而聞樂是東周以後天子失官諸侯各異其政教惟魯則經籍獨存故曰猶秉周禮且莊子有云其在詩書禮樂鄒魯之士搢紳先生多能明之豈非孔子刪定六經傳其業者僅在魯之儒生乎不然車服禮器馬遷何爲必於魯觀之哉墨子之用夏政莊列嘗言之矣莊子說見天下篇列子引禽子曰以吾言問大禹墨翟則吾言當矣蓋禹之菲飲食惡衣服其道尚儉誠墨氏之所宗也雖學儒者之業受孔子之術今無可攷然儒家祖述堯舜憲章文武墨子亦屢稱之太史談六家要指云墨者亦尚堯舜道今其書言堯舜禹湯文武者六言禹湯文武者四

（文王者三）則未嘗不通於儒矣且禽滑釐學於子夏（見史記儒林傳）孔子曰禮與其奢爲甯儉又曰節用而愛人謂之受術孔子淮南去古未遠殆必有所據矣晏子者儒家也其直言極諫所以捄景公之僭侈眞儒家之助人君順陰陽明教化也（說本班志）嘗謂儒家之中不有晏子幾使空言無實者皆得强附于儒林有晏子而後儒家乃足貴耳抑淮南以晏子之諫別載墨子之後而後之文人以爲是齊之墨者所作可知其必不然矣夫晏子七篇編于劉向其始則錄于史官何以識其然哉齊有太史一時諫

諍之言必削簡而記之曰之爲春秋者蓋爲齊之實錄也墨子明鬼篇曰著在齊之春秋豈謂此耶若申商者非後人所深斥乎雖申子二篇今已亡佚史本傳稱其國治兵彊無侵韓者階是而觀與人家國至于強敵不敢侵功亦偉矣商鞅之輔秦也不免失之武健嚴酷然其變法者變秦之法耳當時甘龍辨之曰不循秦國之故更禮以教民非以其不能遵用秦制乎且武侯治蜀信賞必罰一本法家嘗曰商君書益人意志蓋秦蜀相近民俗強悍而法律不得不重也今謂可威以刑而不

可化以善可勸以賞而不可厲以名然則鞅之立法其亦相地設宜乎縱横修短者張儀蘇秦之所長也其書不傳久矣揚子法言曰儀秦學乎鬼谷術習乎縱横言安中國者各十餘年蓋周之末季力征相尚儀秦以弭兵爲務卒使天下民生稍紓其戰爭之患此其勳烈亦何可沒哉攷之隋書經籍志縱横一家原於古之掌交吾謂今之膺使果具其專對之才以與列國締歡而隱消其禍亂則儀秦之口舌立功洵持急扶傾之道也而又可鄙夷之乎雖然儒墨道法與夫縱横之學淮南論

之詳矣而陰陽小說猶有遺之者將彼不足重與曰易有之書不盡言觀其下云非循一迹之路守一隅之指是自明其權事立制度形施宜不若諸家之拘於偏端也況即此數家上始文王下終強秦而姬周一代之學

案已備於是乎

史記孟荀列傳太史公曰余讀孟子書至梁惠王問何以利吾國未嘗不廢書而歎也曰嗟乎利誠亂之始也夫子罕言利者常防其原也故曰放於利而行多怨自天子至於庶人好利之弊何以異哉孟軻騶人也受業子思之門人道既通

游事齊宣王宣王不能用適梁梁惠王不果所言則見以爲迂遠而闊於事情當是之時秦用商君富國强兵楚魏用吳起戰勝弱敵齊威王宣王用孫子田忌之徒而諸侯東面朝齊天下方務於合從連衡以攻伐爲賢而孟軻乃述唐虞三代之德是以所如者不合退而與萬章之徒序詩書述仲尼之意作孟子七篇其後有騶子之屬齊有三騶子其前騶忌以鼓琴干威王因及國政封爲成侯而受相印先孟子其次騶衍後孟子騶衍睹有國者益淫侈不能尙德若大雅整之施及黎庶矣乃深觀陰陽消息而作怪迂之變終始大聖之

篇十餘萬言其語閎大不經必先驗小物推而大之至於無垠先序今以上至黃帝學者所共術大竝世盛衰因載其機祥度制推而遠之至天地未生窈冥不可考而原也先列中國名山大川通谷禽獸水土所殖物類所珍因而推之及海外之所不能睹稱引天地剖判以來五德轉移治各有宜而符應若茲以爲儒者所謂中國者於天下乃八十一分居其一分耳中國名曰赤縣神州赤縣神州内自有九州禹之序九州是也不得爲州數中國外如赤縣神州者九乃所謂九州也於是有裨海環之人民禽獸莫能相通者如一區中者

乃謂一州如此者九乃有大瀛海環其外天地之際焉其術
皆此類也然要其歸必止乎仁義節儉君臣上下六親之施
始也濫耳王公大人初見其術懼然顧化其後不能行之是
以騶子重於齊適梁惠王郊迎執賓主之禮適趙平原君側
行撇席如燕昭王擁彗先驅請列弟子之座而受業築碣石
宮身親往師之作主運其游諸侯見尊禮如此豈與仲尼菜
色陳蔡孟軻困於齊梁同乎哉故武王以仁義伐紂而王伯
夷餓不食周粟衛靈公問陳而孔子不答梁惠王謀欲攻趙
孟軻稱太王去邠此豈有意阿世俗苟合而已哉持方枘欲

內圓鑿其能入乎或曰伊尹負鼎而勉湯以王百里奚飯牛車下而繆公用霸作先合然後引之大道騶衍其言雖不軌儻亦有牛鼎之意乎自騶衍與齊之稷下先生如湻于髡愼到環淵接子田駢騶奭之徒各著書言治亂之事以干世主豈可勝道哉湻于髡齊人也博聞彊記學無所主其諫說慕晏嬰之爲人也然而承意觀色爲務客有見髡於梁惠王惠王屛左右獨坐而再見之終無言也惠王怪之以讓客曰子之稱湻于先生管燕不及及見寡人寡人未有得也豈寡人不足爲言耶何故哉客以謂髡髡曰固也吾前見王王志在

驅逐後復見王王志在音聲吾是以默然客具以報王王大駭曰嗟乎淳于先生誠聖人也前淳于先生之來人有獻善馬者寡人未及視會先生至後先生之來人有獻謳者未及試亦會先生來寡人雖屏人然私心在彼有之後淳于髡見壹語連三日三夜無倦惠王欲以卿相位待之髡因謝去於是送以安車駕駟束帛加璧黃金百鎰終身不仕慎到趙人田駢接子齊人環淵楚人皆學黃老道德之術因發明序其指意故慎到著十二論環淵著上下篇而田駢接子皆有所論焉騶奭者齊諸騶子亦頗采騶衍之術以紀文於是齊王

嘉之自如湻于髡以下皆曰列大夫爲開第康莊之衢高門大屋尊寵之覽天下諸侯賓客言齊能致天下賢士也荀卿趙人年十五始來游學於齊騶衍之術迂大而閎辨奭也文具難施湻于髡久與處時有得善言故齊人頌曰談天衍雕龍奭炙轂過髡田駢之屬皆已死齊襄王時而荀最卿爲老師齊尚修列大夫之缺而荀卿三爲祭酒焉齊人或讒荀卿荀卿乃適楚而春申君以爲蘭陵令春申君死而荀卿廢因家蘭陵李斯嘗爲弟子已而相秦荀卿嫉世之政亡國亂君相屬不遂大道而營於巫祝信禨祥鄙儒小拘如莊周等又

滑稽亂俗於是推儒墨道德之行事興壞序列著數萬言而卒因葬蘭陵而趙亦有公孫龍爲堅白同異之辯劇子之言魏有李悝盡地力之敎楚有尸子長盧阿之吁子焉自如孟子至于吁子世多有其書故不論其傳云蓋墨翟宋之大夫善守禦爲節用或曰竝孔子時或曰在其後

謙案史記此傳彌綸一代蓋爲戰國諸子傳其家學也是故孟荀吁子（漢志作芉子）則儒家也鄒衍鄒奭則陰陽家也慎到李悝劇子（漢志作處子）則法家也田駢環淵接子長盧則道家也公孫龍子則名家也尸子則雜家也墨翟則墨

家也合之一傳獨以孟荀標題者乃馬遷之尊儒也夫儒家之當尊固不待言矣然時勢要不可不審也傳曰天下方務于合從連衡以攻伐爲賢孟某述唐虞三代之德是以所如不合又曰此豈有意阿世俗苟合持方枘内圓鑿其能入乎斯言也豈非薄孟子哉蓋以學貫識時而已夫孟子祖述堯舜憲章文武其守先待後誠儒道之最高者也乃歷聘周流不能見用於世者非其言之不美也當戰爭之世兵連禍結欲以儒術行之則不免迂闊之誚矣吾觀後之儒者處亂離之際猶且高

談仁義陳說詩書焉詎非不達時變者乎嘗譬之醫家之治病也先在於原診兵家之行軍也先在於料敵爲儒家者不知時非所尚而思以其道濟之眞所謂南轅而北轍者也夫天下有治世之學術有亂世之學術余之表章諸子也蓋以百家學術皆以救時爲主世之亂也則當取而用之耳或問曰何謂也對曰名家辨名實事之不稱於名者可用鄧析尹文之說以定其是非矣法家重法律人之有背於法者可用商鞅韓非之說以行其賞罰矣反樸歸眞取道家之淸淨則浮文不致妨

要矣強本節用取墨家之儉約則虛糜有所底止矣縱
橫家者古之掌交也鬼谷子一書所以明交鄰之道而
使於四方者果能扼山川之險要察士卒之強弱識人
民之多寡辨君相之賢愚沈機觀變以銷禍患於無形
則張儀蘇秦其各安中國至於十餘年之久者不難繼
其功烈矣凡此數者皆急則治標之義也苟非其時盡
擯諸吾儒之外奚不可哉然而諸子之術有時而可用
若儒家者使非遇乎其時則亦有爲世所病不能拘守
一說者也劉子新論隨時篇曰以孟某之仁義論太王

之去邪而不合於世用以商鞅之淺薄行刻削之苛法而反以成治非仁義之不可行而刻削之爲美由於湻澆異跡而政教宜殊當合從之代而仁義未可全行也然則以鄒衍之顯於諸侯能得牛鼎之意孟子之本仁祖義而所如不合者殆未能度時而通權乎且古人立言又有至其時而方驗者鄒子九州之說自漢以來莫不黜爲荒誕矣及至今日而人始信之夫天下之理無窮一人之智有限必以耳目所不知概從而鄙夷之此則管闚之陋也故諸子匡時之略若有志治平者亦用

以治亂可矣雖然吾於慎到墨翟而又知史記之必當
參觀也何則慎到者非法家乎今所未亡者五篇耳其
威德篇聖人無事之語彼蓋以人君在上但宜執法任
數不必侵官而治也夫無事者道家無爲之旨也遷謂
其學黃老道德之術則慎子實通於道家矣墨子之書
漢志列之墨家是已乃隨巢胡非皆其弟子而反居墨
子之先可見其書晚出也不然遷博極羣書於本傳一
則曰自鄒衍之徒各著書言治亂之事一則曰自如孟
子至於吁子世多有其書何於墨子則獨不言乎是龍

門作史時必未見墨子書也近人以經上下四篇謂出墨翟自撰因名之爲經而豈知墨子亦期行其道耳曷嘗以著述爲榮哉觀於史記則墨子者爲後人所編錄明矣（經上下與經說上下實皆名家之說）且子長之作史也皆有所本故自序曰述故事整齊其世傳今於墨翟則稱其傳云者是翟固久有爲之作傳者也伯夷列傳曰其傳云伯夷叔齊孤竹君之二子舉彼以例此則墨子之傳遷亦整齊之耳或曰孟荀皆闢墨著也今不別著一傳而合之孟荀方以類聚豈若此乎曰此傳之作蓋爲戰國一代家

學記之見非攻尚儉爲墨氏之所長皆傳矣其善守禦爲節用又深知墨學者乎然通敘諸子而以孟荀爲目者則固史公之尊儒也

又案史記謂湻于髡著書言治亂是髡固有志立言矣乃其書不載於班志者蓋至漢而已亾佚不傳也夫髡之爲學雖無可攷以吾觀之殆近於雜家何以知其然哉遷曰慕晏嬰之爲人晏子則儒家也其見於孟子者有曰先名實者爲人後名實者自爲此則名家之恉也呂氏春秋云齊人有湻于髡者以從說魏王魏王辯之

約車十乘將使之荆辭而行有以橫說魏王魏王乃止
其行可知髡又通乎從橫家矣至史之入滑稽傳則又
小說家之道聽塗說也本傳謂髡博聞强識學無所主
非不守一家而實爲雜家之術乎

附錄

戴表元孟子荀卿列傳論曰古之君子其學爲己也而不
專乎爲己蓋其得之也有餘則推以與人也不患於不足
成之也勞則其事傳之於久而無弊孔孟之道自堯舜禹
湯文武周公以來莫之能尚也惟其抱堯舜禹湯文武周

公之道而不著於用故鬱勃湮積於當時而卒能徐出而大暢之以及於百千萬世之遠自其及門弟子既皆身被其傳以立於世又自諸子各有所傳然受之淺深而行之久近有不能以皆善而要其大歸苟出自孔氏之傳者至其極衰大壞猶賢於他氏萬萬也何也孔氏之道可遠可近可約可博非若他氏淫汚辨雜以爲通誕神僻異以爲高也學他氏者於己不必誠而常懼於無以徇人學孔氏者進可以及人而退亦不自辱其在己者也故學孔氏者近勞而什有八九焉不失爲君子學他氏者近佚而什有

一焉不免陷於小人孟子荀卿之於鄒子湻于尸子長盧屬是也自夫孔氏既沒世亂道微生民之命懸於談兵說利之口者若干年而子思之學再傳而爲孟子子弓亦一傳而得荀卿荀卿之學未知出於子弓何如也而孟子於子思有光矣夫當孔子之時諸子不棄其師之窮相與追隨馳逐列國之郊羇愁困餓而不忍去一時能言之士與夫非詆孔氏而不爲其學者聲華氣勢計當十百過之訖無所據託而獨孔氏師友一綫之傳屹然不墜以爲儒者折衷非止鄒子湻于之徒不可度絜短長而已耳自是而

降諸子愈散其荀卿之學亦一傳而謬天下異端曲說愈熾於鄒子淳于之徒而孟子之所著書遂與諸子之書之可傳者共扶孔氏以至由今日由此言之孔子之道世治則與之俱治世亂則不與之俱亂自古至今固未嘗一日廢而學何其勞而孤也世言太史公不知孔子吾讀孟子荀卿列傳亦燦然知所趣舍哉

謙案孔子之道自漢以降始大明於天下在七雄之世使無孟子荀子爲之興衰起滯則聖道或幾乎熄矣是故孟荀二子宗旨雖不同而其衛道則一也後世尊孟

而抑荀往往彈擊荀子不遺餘力戴氏謂之一傳而謬豈以李斯韓非俱學於荀子不遵儒術而書出於法乎不知李斯之用法也特以順上之所好而苟合取容非荀子傳之過也若韓非者以國法不明漸及於亡於是思信賞必罰以救時之弊曷嘗有悖乎師傳哉王充論衡曰韓國不倒弱韓非之書不著是非之所以重法者特爲韓而作耳爲韓而作則荀子一傳而後非有若是之謬誤也明矣夫六經之傳俱由荀子故西漢通經之士若申公賈誼皆得荀子之傳者說詳述學則荀子之學且

流傳寖遠焉何至一傳而遽失其眞哉抑吾嘗讀論語矣子謂子夏曰女爲君子儒無爲小人儒然則儒家之中在孔子時已有君子小人之別矣今謂學孔氏者不失爲君子學他氏者不免陷於小人在戴氏之意非斥百氏以爲孔子之道學焉而必無蔽失其說是也然君子小人之分孔子之所以告子夏者將何解耶昔有明之季講理學者聚徒授受其始焉從之者皆君子及其久也何以小人亦附乎其中吾又見後之儒者湛深經術自列於君子之林及攷其心術卑汙苟賤無所不至

有比小人而更甚者如此而謂學孔氏者必爲君子吾不敢信也今夫諸子之術其與孔子度長絜短固不可同年而語矣然無諸子而聖人之道尊有諸子而聖人之道益大何也試譬之孔子君道也諸子百官也爲君上者茍無百官守職各任其事將天下可以獨治乎故攻百家者誠使達乎此指則不復以鄒子之徒詆爲異端曲說矣班固曰脩六藝之文以觀此九家之言可以通萬方之略眞知言哉且誦詩讀書而不能知人論世者孟子所惡也戴氏云世亂道微生民之命懸於談兵

說利之口者若干年夫既知世亂道微矣苟有人焉出而展其經濟使之國富兵强此其功業亦何可企哉吾故謂世至衰亂必先取諸子之道以扶急持傾然後宗師孔孟承其弊以補其偏如是則諸子不容鄙棄而爲儒家者亦不受無用之誚矣雖然要在審時而已彼戴氏者烏足以知之

柯維驥曰荀卿著書詆訾孟子子思又以堯舜爲僞人性爲惡此其學術弗醕不得與孟子並也太史公序傳雖舉並論然其傳中所敘推尊孟子與孔子同而斷其異於談

說之阿世取榮者至叙荀卿乃以繼於談說之士之後且抑之曰齊襄王時荀卿最爲老師則孟荀優劣較然矣唐韓愈氏作進學解並稱二儒優入聖域非定論也

謙案荀孟並稱自唐以前莫不如此至宋而孟子列於四書於是以孟子配孔子而荀卿遂不得並於孟子矣不知此特學術顯晦之分豈荀子之學果由不能醕正而與孟子有優劣哉儒林傳曰孟某荀卿咸遵夫子之業而潤色之劉向別錄曰唯孟某荀卿爲能尊仲尼是荀子與孟子宗師聖人故同爲儒家之術非有優劣於

其間也但孟子長於詩書荀子長於禮其宗旨有不同耳揚子法言故曰吾於荀卿見同門而異戶若其論性而以堯舜爲僞人性爲惡此固探本禮教而謂人性之善必待禮義而能化也性惡篇曰從人之性順人之情必出於爭奪合於犯分亂理而歸於暴故必將有師法之化禮義之道然後出於辭讓合於文理而歸於治豈非性惡之說所以明禮義之可貴乎且其言曰不可學不可事而在人者謂之性可學而能可事而成之在人者謂之僞是性僞之分彼且自爲辨白而後人不知誤

解爲眞僞之僞遂致其說不可通矣至史公之叙荀卿繼之鄒衍以後乃以年代相懸荀子之生至晚此遷史之所以爲實錄也不然既稱荀卿最爲老師而其上何必曰田駢之屬皆已死乎蓋謂齊襄王時田駢諸家已亡而荀子生於其後遂爲老師也何足見優劣之判哉况此傳之作通論一代學術子長於鄒衍數子尚無貶抑之辭以孟荀名篇方且尊尙儒家可謂其優孟而劣荀乎夫羣經之傳均出荀子（說見述學）其有功聖門甚大楊倞序曰周公制作之仲尼祖述之荀孟贊成之在古人

極力以表章而柯氏乃於昌黎之說並其是者而亦疑之不特不善讀史書實有意毀我荀子矣不亦謬哉

方苞書孟子荀卿傳後騶衍以下十一人錯出孟子荀卿傳若無倫次及推其意義然後知其不苟然也蓋戰國時守孔子之道而不志乎利者孟子一人耳其次惟荀卿而少駁矣故首論商鞅吳起田忌以及縱橫之徒著仁義所由充塞也自騶衍至騶奭說猶近正而著書以干世主爲志則已務於功利矣其序荀卿於衍奭諸人後者非獨以時相次也荀卿之學雖不能無駁而著書則非以干世所

以別之於衍奭之倫也自公孫龍至吁子則舛雜鄙近視衍奭而又下矣至篇之終忽著墨子之地與時而不一言其道術蓋世以儒墨並稱久矣其傳已見於荀卿所序列而不必更詳也夫自漢及唐莊列皆列於學官而孟子有未興以韓子之明始猶曰孔墨必相爲用而較孟子於荀揚之間子長獨以並孔子一篇之中其文四見至荀卿受業於孔氏之門人則弗之著也老莊申韓衍奭諸人皆有傳而墨子則無之蓋孟子拒而放之之義然則子長於道豈槩乎未有聞者哉

謙案方氏此篇以孟子守孔子之道不志於利爲戰國一人又以子長之並孟於孔美其有聞乎道其持論可云當矣雖然孟子固不志乎利者彼鄒衍諸家而言其騖於功利則未盡然也當戰國時上無天子下無方伯列强各守其土地以攻伐相尚故鄒衍以下俱抱其一家之學思以拯世亂豈專以功利爲務哉不然何史公於鄒衍獨稱其有牛鼎之意而於孟子轉惜其方枘圓鑿乎以孟子之所如不合則鄒衍之徒其顯於諸侯能度時而制宜亦可明矣雖自騶衍至騶奭其書不盡傳

而以慎到五篇觀之申明用法之要曷嘗有功利之說存乎且此傳之首曰天子至於庶人好利之弊何以異在子長之意蓋讀孟子之書有何必曰利亦有仁義之言因慨然於後之人君急於求利必至爲臣民者皆將自私自利而靡所底止非謂孟子不志乎利而其餘均以趨利也或曰傳有之各著書言治亂之事以干世主似馬遷明言其挾策干時矣而猶得謂其不騖功利乎曰取士之道以後代論之有徵辟焉有薦舉焉有科目焉秦漢以前士之求用於時者出疆載贄皇皇如也故

蘇子瞻曰三代以上出於學戰國至秦出於客夫周室既衰學校久廢爲士者不得列於庠序而不能不爲游客者亦其勢使然也鄒衍諸子著書以干世主者此遇乎其時而欲以扶亂興治所無可如何耳或又曰荀卿著書何以獨不干世乎曰荀子受讒於齊見廢於楚於是退而著述觀傳謂序列著數萬言而卒則書之作也已在垂暮之年彼方謂世莫我知故發憤而作詎又有意於干謁哉故史遷之叙荀卿列諸衍奭諸人之後實以時相次誠非爲一不干世一在干世而顯有所區別

也篇終之傳墨子方氏以不言道術但詳其時地得孟子放拒之義其說似矣不知亦非也夫非攻尙儉墨子之所長在此傳曰善守禦爲節用此二語者眞能識道術之大豈方氏於此竟未之見耶蓋彼徒知孟子闢墨而墨子宗旨實未深知也顧史記一書老莊申韓衍奭諸人皆爲作傳而墨子則無之者何哉古人立言必有依據子長之作史也嘗曰整齊世傳今於墨子特著其傳云者以伯夷列傳例之可知子長實本舊傳矣况此傳通論戰國學術已次墨翟於其中又何遺於墨子哉

其他若商鞅吳起以及公孫龍諸家或以道德或以兵名使果通其旨意出而與人家國圖傲乎救世之士也仁義充塞舛雜鄙近吾不知方氏何惡於諸子而一切排擯之若是也且不特諸子已也於荀子亦譏其少駁矣夫儒家之中深於禮義者莫如荀子即其性惡之說與非十二子之並及思孟亦懸禮以折衷之方氏妄爲删定遂以駁雜訾之可謂師心自是也雖然方氏亦以尊孟而已但尊孟而諸子之學既受其詆毁甚且議及荀卿焉則黨同門妬道眞當亦孟子所不取也爲一二

糾正之後之儒者可以觀矣

諸子通攷卷一終

諸子通攷卷二

內篇

元和孫德謙益弇父撰

史記老莊申韓列傳老子者楚苦縣厲鄉曲仁里人也姓李氏名耳字伯陽謚曰聃周守藏室之史也孔子適周將問禮於老子老子曰子所言者其人與骨皆已朽矣獨其言在耳且君子得其時則駕不得其時則蓬累而行吾聞之良賈深藏若虛君子盛德容貌若愚去子之驕氣與多欲態色與淫志是皆無益於子之身吾所以告子若是而已孔子去謂弟子曰鳥吾知其能飛魚吾知其能游獸吾知其能走走者可

以爲罔游者可以爲綸飛者可以爲矰至於龍吾不能知其
乘風雲而上天吾今日見老子其猶龍耶老子脩道德其學
以自隱無名爲務居周久之見周之衰迺遂去至關關令尹
喜曰子將隱矣彊爲我著書於是老子迺著書上下篇言道
德之意五千餘言而去莫知其所終或曰老萊子亦楚人也
著書十五篇言道家之用與孔子同時云蓋老子百有六十
餘歲或言二百餘歲以其脩道而養壽也自孔子死之後百
二十九年而史記周太史儋見秦獻公曰始秦與周合合五
百歲而離離七十歲而覇王者出焉或曰儋卽老子或曰非

也世莫知其然否老子隱君子也老子之子名宗宗爲魏將
封於段干宗子注注子宮宮玄孫假假仕於漢孝文帝而假
之子解爲膠西王卬太傅因家於齊焉世之學老子者則絀
儒學儒學亦絀老子道不同不相爲謀豈謂是耶李耳無爲
自化淸靜自正莊子蒙人也名周周嘗爲蒙漆園吏與梁惠
王齊宣王同時其學無所不闚然其要本歸於老子之言故
其著書十餘萬言大抵率寓言也作漁父盜跖胠篋以詆訾
孔子之徒以明老子之術畏累虛亢桑子之屬皆空語無事
實然善屬書離辭指事類情用剽剝儒墨雖當世宿學不能

自解免也其言洸汪自恣以適已故自王公大人不能器之楚威王聞莊周賢使使厚幣迎之許以爲相莊周笑爲楚使者曰千金重利卿相尊位也子獨不見郊祭之犧牛乎養食之數歲衣以文繡以入太廟當是之時雖欲爲孤豚豈可得乎子亟去無汚我我寧游戲汚瀆之中自快無爲有國者所羈終身不仕以快吾志焉申不害者京人也故鄭之賤臣學術以干韓昭侯昭侯用爲相內修政教外應諸侯十五年終申子之身國治兵强無侵韓者申子之學本於黃老而主刑名著書二篇號曰申子韓非者韓之諸公子也喜刑名法術

之學而其歸本於黃老非爲人口吃不能道說而善著書與李斯俱事荀卿斯自以爲不如非非見韓之削弱數以書諫韓王韓王不能用於是韓非疾治國不務脩明其法制執勢以御其臣下富國强兵而以求人任賢反舉浮淫之蠹而加之於功實之上以爲儒者用文亂法而俠者以武犯禁寬則寵名譽之人急則用介胄之士今者所養非所用所用非所養悲廉直不容於邪枉之人觀往者得失之變故作孤憤五蠹內外儲說林說難十餘萬言然韓非知說之難爲說難書甚具終死於秦不能自脫說難曰凡說之難非吾知之有以

江蘇存古學堂排印

說之難也又非吾辯之難也又非吾辯之難能明吾意之難也又非吾敢橫失能盡之難也凡說之難在知所說之心可以吾說當之所說出於爲名高者也而說之以厚利則見下節而遇卑賤必棄遠矣所說出於厚利者也而說之以名高則見無心而遠事情必不收矣所說實爲厚利而顯爲名高者也而說之以名高則陽收其身而實疏之若說之以厚利則陰用其言而顯棄其身此之不可不知也夫事以密成而以泄敗未必其身泄之也而語及其所匿之事如是者身危貴人有過端而說者明言善議以推其惡者則身危周澤未

渥也而語極知說行而有功則德亡說不行而有敗則見疑
如是者身危夫貴人得計而欲自以爲功說者與知焉則身
危彼顯有所出事迺自以爲也故說者與知焉則身危彊之
以其所必不爲止之以其所不能已者身危故曰與之論大
人則以爲間己與之論細人則以爲鬻權論其所愛則以爲
借資論其所憎則以爲嘗己徑省其辭則不知而屈之汎濫
博文則多而久之順事陳意則曰怯懦而不盡慮事廣肆則
曰草野而倨侮此說之難不可不知也凡說之務在知飾所
說之所敬而滅其所醜彼自知其計則無以其失窮之自勇

其斷則無以其敵怒之自多其力則無以其難概之規異事與同計譽異人與同行者則以飾之無傷也有與同失者則明飾其無失也大忠無所拂亂悟言無所擊排迺後申其辯知焉此所以親近不疑知盡之難也得曠日彌久而周澤既渥深計而不疑交爭而不罪迺明計利害以致其功直指是非以飾其身以此相持此說之成也伊尹爲庖百里奚爲虜皆所由干其上也故此二子者皆聖人也猶不能無役身而涉世如此其汙也則非能仕之所設也宋有富人天雨牆壞其子曰不築且有盜其鄰人之父亦云暮而果大亡其財其

家甚知其子而疑鄰人之父昔者鄭武公欲伐胡迺以其子
妻之因問羣臣曰吾欲用兵誰可伐者關其思曰胡可伐乃
戮關其思曰胡兄弟之國也子言伐之何也胡君聞之以鄭
爲親已而不備鄭鄭人襲胡取之此二說其知皆當矣然而
甚者爲戮薄者見疑非知之難也處知則難矣昔者彌子瑕
見愛於衛君衛國之法竊駕君車者罪至刖既而彌子之母
病人聞往夜告之彌子矯駕君車而出君聞之而賢之曰孝
哉爲母之故而犯刖罪與君游果園彌子食桃而甘不盡而
奉君君曰愛我哉忘其口而念我及彌子色衰而愛弛得罪

於君君曰是嘗矯駕吾車又嘗食我以其餘桃故彌子之行未變於初也前見賢而後獲罪者愛憎之至變也故有愛於主則知當而加親見憎於主則罪當而加疏故諫說之主不可不察愛憎之主而後說之矣夫龍之爲蟲也可擾狎而騎也然其喉下有逆鱗徑尺人有嬰之則必殺人人主亦有逆鱗說之者能無嬰人主之逆鱗則幾矣人或傳其書至秦秦王見孤憤五蠹之書曰嗟乎寡人得見此人與之游死不恨矣李斯曰此韓非之所著書也秦因急攻韓韓王始不用非及急迺遣非使秦秦王悅之未信用李斯姚賈害之毀之曰

韓非韓之諸公子也今王欲并諸侯非終爲韓不爲秦此人之情也今王不用久留而歸之此自遺患也不如以過法誅之秦王以爲然下吏治非李斯使人遺非藥使自殺韓非欲自陳不得見秦王後悔之使人赦之非已死矣申子韓子皆著書傳于後世學者多有余獨悲韓子爲說難而不能自脫耳太史公曰老子所貴道虛無因應變化於無爲故著書辭稱微妙難識莊子散道德放論要亦歸之自然申子卑卑施之於名實韓子引繩墨切事情明是非其極慘礉少恩皆原於道德之意而老子深遠矣

非謂老莊清淨一變而爲法家有如申韓之嚴刻也不然申子何以稱其功業而於韓非子又何以悲其爲說難不能自脫乎由此言之其云原於道德者蓋明申韓法家實與道家同其原耳今夫諸子之學有異而同者觀於老莊四子合之一傳可矣然以吾考之不特百家異術即一家之內亦有派別何也俱爲一家蓋又有同而異者在焉傳曰老子著書上下篇言道德之意老萊子著書十五篇言道家之用若是道家之中顯有意用之分嘗取其說求之太公也鬻子也管子也鶡冠也此

江蘇存古學堂排印

四家者長於治道是其書皆以言用矣文子爲老氏弟子其推闡老子之恉等於羣經義疏則其言意也可見若列子貴虛關尹貴淸雖君人南面之術固貴於淸虛自守然要在乎言意也言用者若彼言意者若此即以道家論之可比量並視而不析其異同乎至如莊子彼於天下篇嘗自明其聞風而悅與老聃之道術異矣贊曰莊子散道德放論要亦歸之自然豈非謂莊子之說雖非偶然無歸而老子之虛無因應變化無爲其宗旨並不同邪或者謂莊老異同既聞命矣莊子之剽剝儒

墨可歎曰學問之道不妨詰難馬遷故云爲老子者必絀儒學儒學亦絀老子蓋諸子守其專家各以推其所長故於異己者必爲之抨擊所謂道不同不相爲謀無足怪也雖然後世屏諸子爲異端不能通其家學如韓非者甚且使之沈冤千載焉不亦異乎夫韓非之書豈挾以干秦哉本傳謂韓非病治國不務脩明其法制執勢以御其臣下富國强兵而以求人任賢反舉浮淫之蠹加之於功實之上觀往者得失之變故作孤憤五蠹內外儲說林說難十餘萬言則非之全書實爲韓而發

也蓋非爲韓之諸公子以同姓之臣而親見國之削弱其能緘默無言乎史記具在猶以爲秦之策士而不知其爲韓之忠臣故諸子中最寃者莫非若矣況傳又云人有傳其書至秦李斯曰此韓非之所著書明明非之述作在韓而不在秦矣（首篇初見秦據戰國策爲張儀說）若李斯自愧不如而設計以害之此固非之大不幸也昔漢之晁錯亦法家也法家之道尊君卑臣崇上抑下錯以七國之故身罹於難當時議者憐其忠而獲罪乃非之忠於韓無有與之昭晰者余故深痛之矣且夫龍門之作史也不虛

美不隱惡劉向揚雄稱爲實錄故不治諸子則已如有志諸子之學不知攷之史書將爲後人所惑矣爲後人所惑而從其似是之言遂致古人亦遭不白也豈不僨哉夫史記爲千古信史其傳諸子也雖不專論其書而舍是則無以通矣吾故曰治諸子者必在參觀史記也

又案本傳云老子修道德其學以自隱無名爲務居周久之見周之衰迺遂去至關關令尹喜曰子將隱矣彊爲我著書觀於此則老子所謂聖人之治虛其心實其腹弱其志强其骨常使民無知無欲與挫其銳解其紛

和其光同其塵皆自隱無名之旨也若天下多忌諱而民彌貧民多利器國家滋昏人多伎巧奇物滋起法令滋彰盜賊多有以及民之饑以其上食稅之多是以饑民之難治以其上之有爲是以難治民之輕死以其求生之厚是以輕死此數言者實見衰世之政而筆之於書耳至於莊子一書本爲寓言寓言者劉向別錄云作人姓名使相與語是寄辭於其人故莊子有寓言篇則讀其書者可概以寓言求之傳曰作漁父盜跖胠篋以詆訾孔子之徒以明老子之術畏累虛亢桑子之屬皆

空語無事實若然莊子雖剽剝儒墨苟識其寓言之意不必與之辨難也孟子云說詩者不以文害辭不以辭害志以意逆志是爲得之本此以治莊子庶有所得乎雖然莊子全書宗旨何在曰荀子謂其蔽於天亦約之以天而已矣

史記管晏列傳管仲夷吾者潁上人也少時常與鮑叔牙遊鮑叔知其賢管仲貧困常欺鮑叔鮑叔終善遇之不以爲言已而鮑叔事齊公子小白管仲事公子糾及小白立爲桓公公子糾死管仲囚焉鮑叔遂進管仲管仲既用任政於齊齊

桓公以霸九合諸侯一匡天下管仲之謀也管仲曰吾始困時嘗與鮑叔賈分財利多自與鮑叔不以我爲貪知我貧也吾嘗爲鮑叔謀事而更窮困鮑叔不以我爲愚知時有利不利也吾嘗三仕三見逐於君鮑叔不以我爲不肖知我不遭時也吾嘗三戰三走鮑叔不以我爲怯知我有老母也公子糾敗召忽死之吾幽囚受辱鮑叔不以我爲無恥知我不羞小節而恥功名不顯於天下也生我者父母知我者鮑子也鮑叔既進管仲以身下之子孫世祿於齊有封邑者十餘世常爲名大夫天下不多管仲之賢而多鮑叔能知人也管仲

既任政相齊以區區之齊在海濱通貨積財富國彊兵與俗同好惡故其稱曰倉廩實而知禮節衣食足而知榮辱上服度則六親固四維不張國乃滅亡下令如流水之原令順民心故論卑而易行俗之所欲因而予之俗之所否因而去之其爲政也善因禍而爲福轉敗而爲功貴輕重愼權衡桓公實怒少姬南襲蔡管仲因而伐楚責包茅不入貢於周室桓公實北征山戎而管仲因而令燕修召公之政於柯之會桓公欲背曹沫之約管仲因而信之諸侯由是歸齊故曰知與之爲取政之寶也管仲富擬於公室有三歸反坫齊人不以

爲修管仲卒齊國遵其政常彊於諸侯後百餘年而有晏子焉晏平仲嬰者萊之夷維人也事齊靈公莊公景公以節儉力行重於齊既相齊食不重肉妾不衣帛其在朝君語及之卽危言語不及之卽危行國有道卽順命無道卽衡命以此三世顯名於諸侯越石父賢在縲紲中晏子出遭之塗解左驂贖之載歸弗謝入閨久之越石父請絕晏子戄然攝衣冠謝曰嬰雖不仁免子於厄何子求絕之速也石父曰不然吾聞君子詘於不知己而信於知己者方吾在縲紲中彼不知我也夫子既以感寤而贖我是知己知己而無禮固不如在

縲紲之中晏子於是延入爲上客晏子爲齊相出其御之妻從門閒而闚其夫其夫爲相御擁大蓋策駟馬意氣揚揚甚自得也既而歸其妻請去夫問其故妻曰晏子長不滿六尺身相齊國名顯諸侯今者妾觀其出志念深矣常有以自下者今子長八尺乃爲人僕御然子之意自以爲足妾是以求去也其後夫自抑損晏子怪而問之御以實對晏子薦以爲大夫太史公曰吾讀管氏牧民山高乘馬輕重九府及晏子春秋詳哉其言之也既見其著書欲觀其行事故次其傳至其書世多有之是以不論論其軼事管仲世所謂賢臣然孔

子小之豈以爲周道衰微桓公既賢而不勉之至王乃稱霸哉語曰將順其美匡救其惡故上下能相親也豈管仲之謂乎方晏子伏莊公尸哭之成禮然後去豈所謂見義不爲無勇者邪至其諫說犯君之顏此所謂進思盡忠退思補過者哉假令晏子而在余雖爲之執鞭所忻慕焉

謙案管子爲道家晏子爲儒家學術不同所以合傳之意蓋以皆爲齊相也觀於贊曰至其書世多有之是以不論論其軼事可知列傳之作傳其人不傳其書與漢志諸子略專取其書而別白家數者異矣漢志於諸子已見史書者如孟

子孫聊子其下賓洸曰有列傳蓋謂欲攷其生平行業有史記列傳在也或問軼事者何也曰管子之交鮑叔自謂生我父母知我鮑子其文列子載之此管子之軼事也自管仲曰吾始困時至知我者鮑子此文見列子蓋史記採之越石父賢晏子解左驂贖之而延爲上客御者揚揚自得及後抑損晏子薦以爲大夫此二事者又晏子之軼事也蓋史公作傳綱羅舊聞所謂欲觀其行事故次其傳是也顧既已稱爲軼事矣而今本皆有之者何哉不知晏子一書要由於劉向編定也其別錄云太史書五篇是彼兩事者向特本之史記而增入者耳乃昧者不察反據軼事之

說謂爲六朝後人僞作豈不悖哉以晏子爲六朝後僞作此管異之說辨詳外篇雖然傳其人不傳其書史之通例固若是矣而治諸子者不可不參觀諸史記何則晏子之書史公明言春秋矣不知者徒見班志不具隋志始列其目於是疑非本書說見陳直齋書錄解題夫名稱之間古人往往有省略者是故賈生新書則但曰賈誼矣愼到道論則但曰愼子矣蒯通雋永則但曰蒯子矣淮南鴻烈則但曰淮南矣以此言之又何疑於晏子哉況觀於史則春秋之名自古已然乎且管子之輕重九府其所以興利者亦就齊爲之耳傳

曰以區區之齊在海濱通貨積財富國强兵與俗同好惡則管子相齊其通商賈均力役盡地利正相地設施矣後世既遵守其法而行鹽筴之利轉使之獨蒙惡聲此未知齊居東海彼不過用以治齊非與言利之臣專務財用者比也不甯惟是史談之論六家要旨也歸之於道家而其言曰因者君之綱今遷謂管子爲政善因禍而爲福轉敗而爲功管子者道家也若然道家一流非所謂君人南面之術乎自不達因之說者以爲道家之弊失之因循誤事而豈知管子治齊以因爲綱則道

家之所謂因其作用正在是矣（桓公實怒少姬南襲蔡管仲因而伐楚責包茅不入貢於周室桓公實北征山戎而管仲因而令燕修召公之政於柯之會桓公欲背曹沫之約管仲因而信之可知道家之因足以推之實行）抑史記全書其作贊辭也皆宗孔子之言爲之論定今引語曰將順其美匡救其惡與見義不爲無勇之說非折衷於夫子乎故子長之尊聖真不僅孔子列世家已也

班固漢書藝文志諸子十家其可觀者九家而已皆起於王道既微諸侯力政時君世主好惡殊方是以九家之術蠭出並作各引一端崇其所善以此馳說取合諸侯其言雖殊辟猶水火相滅亦相生也仁之與義敬之與和相反而皆相成

也易曰天下同歸而殊塗一致而百慮今異家者各推所長窮知究慮以明其指雖有蔽短合其要歸亦六經之支與流裔使其人遭明王聖主得其所折衷皆股肱之材已仲尼有言禮失而求諸野方今去聖久遠道術缺廢無所更索彼九家者不猶瘉於野乎若能修六藝之術而觀此九家之言舍短取長則可以通萬方之畧矣

謙案藝文一志班氏本之劉向父子今別錄七畧已亡（別錄二書近有輯本余又爲增補入古書錄輯存）所可攷者此志而已其曰合其要歸亦六經之支與流裔彼不知者妄謂諸子離經畔道

觀於此則大不然矣或曰儒家游文六經固深於經術者若道墨諸家其爲支與流裔有足徵乎曰試即以志徵之道家合於堯之克讓易之嗛嗛是道家之通於經也法家信賞必罰以輔禮制易曰先王以明罰飭法此其所長是法家之通於經也縱横家權事制宜受命不受辭孔子曰誦詩三百使於四方不能專對雖多亦奚以爲是縱横家之通於經也若是諸子之學雖不必確守經教而未嘗有背乎經也謂爲支與流裔奚不可哉

往者劉子政之校中秘也於晏子曰其書六篇皆忠諫

其君文章可觀義理可法皆合六經之義於管子曰凡管子書務富國安民道約言要可以曉合經義於列子曰治身接物務崇不競合於六經於申子曰申子之學號曰刑名刑名者循名以責實其尊君卑臣崇上抑下合於六經其遺說惜不多見若向所作別錄不亡讀諸子當易易由此觀之向之辯章諸子也執六經以爲衡而亦由諸子要歸無不可歸之於經也不特此也嘗試攷之道家之卑弱自持既合易之嗛嗛固爲易之所出陰陽家歷象日月星辰敬授民時易以道陰陽是亦出於易也名家爲古之禮官禮所以

辨上下定民志名家之宗禮蓋可知矣而國之大事在祀與戎墨家本清廟之守殆長於祭祀之禮乎（其書有尊天事鬼等篇卽此可見）昔魯請郊廟之禮於周周使史角往其後在於魯墨子學焉（說見呂覽）豈非墨家之道又精於禮者哉從橫家明乎詩教故能具專對之才小說家者流出於稗官解者謂王者欲知閭巷風俗故立稗官使稱說之則小說一家卽太史采詩之意也彼法家者雖嚴刑峻法爲吾儒所不取不知莊子有曰春秋以道名分（史記亦云）故其辨名定分實本春秋之義而推衍之者也嘗讀史記矣其

二諸侯年表叙述春秋源流自邱明以下並及韓非則韓非者得春秋之傳矣况全書中凡說春秋時事文多與左傳同又足徵非之論法原於春秋也是故百家道術無有乖於六經者不乖六經猶斥爲異端焉豈不厚誣古人哉雖然脩六藝之術觀此九家之言舍短長取可以通萬方之略如孟堅言將爲經學者必兼治諸子之書乎曰六經論其常諸子論其變六經爲治世學術諸子爲亂世學術使時至衰亂不取諸子救時之略先爲之扶濟傾危鏗鏗焉以經說行之非但不見信從甚

將爲人訕笑矣余故謂讀諸子者當論其世又當審乎時故當戰國時儒術獨絀孟荀不得志於世而從衡諸家反能顯榮於天下此非六經之無用可束高閣焉亦以生逢亂世别有匡濟之學術耳聞之公羊家有張三世之說一據亂世一昇平世一太平世以吾言之諸子者亂世之所貴而六經者其爲太平世矣或問曰所謂通萬方之略又何也曰是說也有二義存乎其間盖一就四方之形勢言之一就萬事之情僞言之何以知其然哉秦處西北其俗强悍治西北者不能不出以嚴酷淮南子曰可威以刑不可

化以善商君之法生焉則鞅之重法正因地制宜矣蓋
西北者於四時爲秋冬秋冬乃肅殺之時也且觀武侯
治蜀一本商鞅之術綜覈名實申明刑賞又可菲薄商
君乎史記管子列傳曰以區區之齊在海濱通貨積財
富國强兵然則管子相齊興鹽筴之利蓋亦以齊居東
海耳雖地勢變遷古今不同而四方形勝善讀書者自
可於諸子求之若夫萬事情僞諸子知之最深試畧舉
老子明之道德經曰不尙賢使民不爭不貴難得之貨
使民不爲盜不見可欲使民心不亂多言數窮不如守

中富貴而驕自遺其咎甚愛必大費多藏必厚亡知足不辱知止不殆輕諾必寡信多易必多難民之從事常於幾成而敗之信言不美美言不信使非洞達世情其能作此語乎是故諸子之中雖不無蔽短苟取其長者而精思之必爲有用之學矣夫不取諸子所長而一切屛棄之於是爲儒家者或失之瑣碎或失之高深而訓詁一家性理一家斤斤於文字之末六藝之所以經世者且視爲空言無補焉有識者能無爲之長太息哉

漢書藝文志攷證致堂胡氏曰夫仁以親親義以尊尊施之雖有等差發端則非異道故事父孝則忠可移求忠臣則於孝子未聞相反之理也曰法則慘刻曰名則苛繞曰墨則二本曰從橫則妾婦之道是皆五經之棄也其歸豈足要乎儒家者流因修六藝矣列儒於九家而曰修六藝之術以觀九家之言則修六藝無所名家謂誰氏耶何以言之多舛也

謙案漢志云諸子十家可觀者九家而其下又云修六藝之術觀九家之言是明明列儒於十家之中並不與

九家等觀也則所謂脩六藝者其屬儒家可知矣脩六藝而兼觀九家者誠以諸子有經世之術爲儒家者正當博采周覽不可沒其所長而拒之於儒道之外也胡氏謂言之多舛亦未將孟堅之說善爲理會耳若謂法家慘刻名家苛繞墨家二本縱橫則爲妾婦之道以爲是皆五經所棄夫諸子之學班氏固言其有蔽短矣而其出於經術則後人不之知也（說詳前篇）曰合其要歸六經之支與流裔方足見百家異術皆原於經乃胡氏第知擯斥諸子而豈知五經未嘗棄之也至相反相成之說

在班氏意蓋以九家並起或以道墨鳴或以名法鳴雖各持一端自立專家之學而其道則無不相通耳故復引易傳同歸殊塗一致百慮以推明之要之自宋以來諸子盡屏爲異端宜胡氏於漢志之言且肆其彈擊焉嗚乎傎矣

楊慎曰班固叙諸子九家而以儒爲首若以矯司馬氏之失然以儒與諸家並列而又別於六經何也蓋固之所列儒家者流也非所謂君子儒也其以藝文名猶曰文藝末也云爾

謙案六家要旨史談探本於道蓋史職當然余已詳論於前矣班固之叙諸子也以儒爲首所謂道並行而不悖耳非司馬氏不知尊儒而以矯其失也所以别之六經者則以九家之道爲六經支流而爲儒家者不過游文六經明其不得與六經並也故諸子一略冠以儒家可見班氏之推重儒術而别立諸六經之外者又足見其以此尊經也蓋儒家備於孔子而實不足以盡之志於儒家曰宗師仲尼則儒家特以仲尼爲師孟子所云乃所願則學孔子是也楊氏不得其説以爲文藝之末

何其賤視儒家耶夫儒家之中固亦有蔽失近於小人儒者然漢志所錄自晏子以下豈專以文藝爲務哉但執文藝之名而遂以菲薄儒家然則聖人之經亦皆載之將六經可鄙之爲文藝乎若班志明列十家而以儒家一流立爲九家之首今僅謂九家此則不辨而可悟其非矣

葛洪抱朴子百家篇百家之言雖不皆清翰銳藻宏麗汪濊然悉才士所寄心一夫所澄思也正經爲道義之淵海子書爲增深之川流仰而比之則景星之佐三辰俯而方之則林

薄之禪嵩岳而學者專守一業游井忽海遂蹶躓於泥濘之中而沈滯乎不移之困子書披引玄曠眇邈泓窈總不測之源揚無遺之流變化不繫於規矩之方圓旁通不淪於違正之邪徑風格高嚴重仞難盡是偏嗜酸甜者莫能賞其味也用思有限者不得辯其神也先民歎息於才難故百世爲隨踵不以璞不生板桐之嶺而捐曜夜之寳不以書不出周孔之門而廢助教之言猶彼操水者器雖異而救火同焉譬若鍼灸者術雖殊而攻疾均焉狹見之徒區區執一去博亂精思而不識合錙銖可以齊重於山陵聚千百可以致數於億

兆惑詩賦瑣碎之文而忽子論深美之言眞僞顚倒玉石混
淆同廣樂於桑間均龍章於素質可悲可慨豈一條哉
謙案抱朴子一書分內外篇內篇論黃白符籙之事乃
神仙家言非古之所謂道家也外篇則隋志而下入之
雜家雜家者宏括衆流今以百家標目豈非雜家之術
固無所不該哉雖此篇所言不若呂覽尸子能推諸家
之宗旨然以百家爲助教之書則葛氏之意蓋謂六經
當尊而百家之學實無背於經教其識豈不卓哉嘗慨
自宋以來屏黜百家卽有好之者亦不過玩其文字而

已而能辨章學術者則未之見也夫諸子一略創於漢志其後四部雖分亦皆列經史之後可知百家並立輔助聖經未可廢棄故班固謂修六藝之文習此九家之言可以通萬方之略乃後之學者概從而攘斥之眞可云用思有限不能辯其神者矣昔顏之推家訓曰觀天下書未徧不得輕下雌黃然則世之讀諸子者既未深入其中而遽以肆我譏彈吾知必爲葛氏所不取也正經爲道義淵海子書爲增深川流彼詆排諸子而自詡爲衛道者曷不三復斯言

劉晝新論九流篇道者老聃關尹龐涓莊周之類也以空虛爲本清淨爲心謙挹爲德卑弱爲行居無爲之事行不言之教裁成宇宙不見其迹亭毒萬物不有其功然而薄者全棄忠孝杜絕仁義專任淸虛欲以爲治也儒者晏嬰子思孟某荀卿之類也順陰陽之性明教化之本遊心於六藝留情於五常厚葬文服重樂有命祖述堯舜憲章文武宗師仲尼以尊敬其道然而薄者流廣文繁難可窮究也陰陽者子韋鄒衍桑丘南公之類也敬順昊天歷象日月星辰敬授民時範三光之度隨四時之運知五行之性通八風之氣以厚生民

以爲政治然而薄者則拘於禁忌溺於術數也名者宋鈃尹文惠施公孫捷之類也其道正名名不正則言不順故定尊卑正名分愛平尚儉禁攻寢兵故作華山之冠以表均平之製則寬宥之說以示區分然而薄者捐本就末分析明辯苟析華辭也法者慎到李悝韓非商鞅之類也其術在於明罰討陣整法誘善懲惡俾順軌度以爲治本然而薄者削仁廢義專任刑法風俗刻薄嚴而少恩也墨者尹佚墨翟禽滑胡俳之類也儉嗇兼愛尚賢右鬼非命薄葬無服不怒非鬭然而薄者其道大觳儉而難遵也縱横者闞子（名子我）龐煖蘇秦

張儀之類也其術本於行仁譯二國之情弭戰爭之患受命不受辭因事而制權安危扶傾轉禍就福然而薄者則苟尙華詐而棄忠信也雜者孔甲尉繚尸佼淮夷之類也明陰陽本道德兼儒墨合名法包縱橫納農植觸類取與不拘一緒然而薄者則蕪穢蔓衍無所係心也農者神農野老宰氏范勝之類也其術在於務農廣爲墾闢播植百穀國有盈儲家有蓄積倉廩充實則禮義生焉然而薄者又使王侯與庶人並耕於野無尊卑之別失君臣之序也觀此九家之學雖有淺深辭有詳略偕僪形反流分乖隔然皆同其妙理俱會治

道跡雖有殊歸趣無異猶五行相滅亦還相生四氣相反而
共成歲淄澠殊源同歸于海宮商異聲俱會於樂夷惠同操
齊蹤爲賢二子殊行等迹爲仁道者玄化爲本儒者德教爲
宗九流之中二化爲最夫道以無爲化世儒以六藝濟俗無
爲以清虛爲心六藝以禮樂爲訓若以教行於大同則邪僞
萌生使無爲化於成康則氛亂競起何者澆湻時異則風化
應殊古今乖舛則政教宜隔以此觀之儒教雖非得眞之說
然茲教可以導物道家雖爲達情之論而違禮復不可以救
弊今治世之賢宜以禮教爲先嘉遁之士應以無爲是務則

操業俱遂而身名兩全也

謙案劉氏新論隋唐志列諸雜家雜家者綜貫百家卽所云明陰陽本道德兼儒墨合名法包縱橫納農植觸類取與不拘一緒是也其說本於漢志諸子略所與漢志異者此以道家爲首耳首數道家者蓋雜家雖不專守一家而要以道爲依歸呂覽淮南其明證也篇末以儒道並重又謂澆淳時異則風化應殊古今乖舛則政教宜隔此不獨雜家之學足知其博通儒墨而時勢不同設施有別彼不達世變者槪執一術以圖治宜其無

禪實用徒受迂遠之譏耳夫無爲以化三皇之時法術以禦七雄之世德義以柔中國之心政刑以威四夷之性故易貴隨時禮尚從俗適時而行劉氏於隨時篇嘗明言之最爲通人之論今復語此者蓋欲學者經權制宜不可高談儒術有違時俗也顧既知九流俱會治道矣乃謂治世之賢宜以禮敎爲先嘉遁之士應以無爲是務一若道家之學不足以經世此猶未深知道家者也夫一匡九合佐齊興霸管子非道家乎即如老莊二子一則出關遠游一則灌園自樂似近於肥遁以鳴高

者然其書則皆明治理也故班志於道家者流稱其爲君人南面之術雖然晝嘗作高才不遇論豈有慨於身世之故而欲以隱士自居乎且其言曰九流之中二化爲最是固尊儒而崇道者也至於縱橫一家後世皆鄙夷之不知七國時兵連禍結使非有儀秦輩從而持急扶傾天下必胥被其害今云譯二國之情弭戰爭之患此爲孟堅所未言而讀鬼谷子書者苟知縱橫之術以弭兵爲事則不敢斥爲妾婦之道矣孟子爲儒家故不取縱橫家蓋今之天下一縱橫之天下也嘗謂爲使臣者果能於口舌之

間隱消禍亂俾國家受無形之福則其功爲至大故特
表而出之以告世之有交鄰之責者

隋書經籍志易曰天下同歸而殊塗一致而百慮儒道小說
聖人之教也而有所偏兵及醫方聖人之政也所施各異世
之治也列在衆職下至衰亂官失其守或以其業游說諸侯
各崇所習分鑣並騖若使總而不遺折之中道亦可以興化
致治者矣

謙案隋唐以後四部既定凡漢志之中兵書術數方伎
分爲三略者皆盡入之子部余初疑班氏何以歧異若

茲及讀此志云儒道小說聖人之教兵及醫方聖人之政然後知蘭臺之分別部居不相雜厠者蓋有政教之判焉或問政教之判奈何曰不觀漢志乎於兵家曰王官之武備於醫家曰王官之一守與諸子一略但言出於古官者不同蓋漢治近古重在保民特稱之曰王官者以王政所尚在此也不然兵家之中如孫子尉繚諸書皆互見於諸子其必區以別之者使非有政教之判豈孟堅若是之不憚煩哉且三代盛時學統於官故儒家爲司徒道家爲史官以漢志攷之自名法以下無不

原於古之職官天下所以爲同文之治自周室東遷天子失官於是百家之學興雖其弊之所至儒家則苟取譁衆道家則絕去禮樂法家則傷恩薄厚名家則鉤鈲析亂或有如班氏所譏者然立爲專家各推所長其始則皆設官以掌之故隋志以儒墨諸家推本周官誠以周官者千古之學案也今日世之治也列在衆職下至衰亂官失其守然則周官廢而諸子盛乃學術升降之大原哉或曰諸子爲專家之業是足貴矣其必出於游說者何立品不知自尊乎詎知諸子有救時之志當其

時學校已衰士之進身既無若後世之科目則其傳說諸侯眞所謂不得已耳蘇子瞻曰三代以上出於學戰國至秦出於客蓋其勢使然也後之人不論其世反從而鄙夷之將孟子之歷聘周流其亦非耶明乎此則不敢菲薄諸子矣難者曰諸子之術有宋以來斥爲異端誠不可也然志謂折之中道可以興化致治豈非諸子囿於偏方不足爲圖治之要乎曰諸子蔽失莊周以降俱言之矣所貴善用之者舍其短而取其長必推之吾道之外而一切遺棄之謂其無裨治道此何可哉剏漢

魏而後家學不明名爲崇儒實則所以措之治理者未必有合於經教至於九流之學方且視同敝屣悉聽之若存若亡今云可以興化致治修史者蓋欲人習乎其業以爲治國之資不必深閉而固距也夫漢當文景之世君臣相務以清淨則嘗以黃老治矣迨武侯之輔蜀也綜覈名實信賞必罰則又以申韓治矣余故謂讀諸子者苟使參乎時變持爲設施之具其與世之急欲求治而不學無術者要不能同年語矣况諸子固志在經世者哉

文心雕龍諸子篇諸子者入道見志之書太上立德其次立言百姓之羣居苦紛雜而莫顯君子之處世疾名德之不彰唯英才特達則炳曜垂文騰其姓氏懸諸日月焉昔風后力牧伊尹咸其流也篇述者蓋上古遺語而戰伐所記者也至鬻熊知道而文王諮詢餘文遺事錄爲鬻子子自肇始莫先於茲及伯陽識禮而仲尼訪問爰序道德以冠百氏然則鬻惟文友李實孔師聖賢並世而經子異流矣迨及七國力政俊乂蠭起孟某膺儒以磬折莊周述道以翱翔墨翟執儉确之教尹文課名實之符野老治國於地利騶子養政於天文

中商刀鋸以制理鬼谷脣吻以策勳尸佼兼總於雜術青史曲綴以街談承流而枝附者不可勝算並飛辯以馳術饜祿而餘榮矣暨於暴秦烈火勢炎崑岡而煙燎之毒不及諸子逮漢成留思子政讎校於是七略芬菲九流鱗萃殺青所編百有八十餘家矣迄至魏晉作者間出讕言兼存璅語必錄類聚而求亦充箱照乘矣然繁辭雖積而本體易總述道言治枝條五經其純粹者入矩踳駮者出規禮記月令取乎呂氏之紀三年問喪寫乎荀子之書此純粹之類也若乃湯之問棘云蚊睫有雷霆之聲惠施對梁王云蝸角有伏尸之戰

有移山跨海之談淮南有傾天折地之說此踳駁之類也是以世疾諸混同虛誕按歸藏之經大明迂怪乃稱羿斃十日嫦娥奔月殷湯如茲況諸子乎至如商韓六蝨五蠹棄孝廢仁轘藥之禍非虛至也公孫之白馬孤犢辭巧理拙魏牟比之鴞鳥非妄貶也昔東平求諸子史記而漢朝不與蓋以史記多兵謀而諸子雜詭術也然洽聞之士宜撮綱要覽華而食實棄邪而採正極睇參差亦學家之壯觀也研夫孟荀所述理懿而辭雅管晏屬篇事覈而言練列御寇之書氣偉而采奇鄒子之說心奢而辭壯墨翟隨巢意顯而語質尸佼尉

繚術通而文鈍鶡冠緜緜亟發深言鬼谷眇眇每環奥義情辨以澤文子擅其能辭約而精尹文得其要愼到析密理之巧韓非著博喻之富呂氏鑒遠而體周淮南汎採而文麗斯則得百氏之華采而辭氣文之大略也若夫陸賈典語賈誼新書揚雄法言劉向說苑王符潛夫崔實政論仲長昌言杜夷幽求咸叙經典或明政術雖標論名歸乎諸子何者博明萬事爲子適辨一理爲論彼皆蔓延雜說故入諸子之流夫自六國以前去聖未遠故能越世高談自開戶牖兩漢以後體勢漫弱雖明乎坦途而類多依採此遠近漸變也嗟夫身

與時舛志共道申標心於萬古之上而送懷於千載之下金石靡矣聲其銷乎

謙案論文之作始於魏文典論至劉彥和文心出遂集其大成此篇自孟荀所述以下固論諸子之文然所謂述道言治枝條五經則是百家道術皆足推之治理而其立言垂世無有乖於經教彥和蓋深知之矣且其言曰禮記月令取乎呂氏之紀三年問喪寫乎荀子之書是又可見禮經之採及諸子也夫荀子爲儒家記禮者錄其篇目而入之於經誠無不可彼呂氏春秋者非雜

江蘇存古學堂排印

家之書乎今以其十二月紀載之禮記之中豈以雜家者流雖不守一家其學實兼綜儒墨與王充論衡曰知經誤者在諸子然則諸子之書有補於經而後之儒者謂其離經畔道眞莊子所云大惑不解者也或曰漢隋以後志藝文者不以諸子特立專部乎曰經之與子其必分別部居者是已彥和亦曰聖賢並世經子異流彼固非謂丙部之中盡如孫卿呂覽可爲禮家所徵引也但經子之異流不可不知而槪排諸子以爲是皆顯悖經旨者則甚矣其非也雖然彥和之說有不可不辨者

焉吾嘗讀其夸飾篇曰言峻則嵩高極天論狹則河不容舠說多則子孫千億稱少則靡有孑遺謂爲辭雖已甚其義無害今乃於列子之移山跨海淮南之傾天折地與夫蚊睫之聲蝸角之戰反詆其踳駁出規亦知諸子皆寓言要可以夸飾之義觸類而長者也昔孟子有言曰說詩者不以文害辭不以辭害志以意逆志是爲得之蓋讀古人書當得其志趣之所在若拘執文辭則不免固哉高叟矣彥和既知詩書雅言義多矯飾而獨致譏於諸子何其疏與此當辨者一法家之學其極也

傷恩薄厚非無慘酷之弊然商鞅韓非所以不善其死者則不由於此何也鞅之受刑出於惠公之私意若韓非者徒以李斯見忌自愧不如遂使非蒙其害豈皆崇法之過哉雖六虱五蠹之說或近於棄孝廢仁顧法家者循名責實儒家末流之失往往有高談忠孝緣飾仁義敓其行事不必相符者商韓故痛斥之彥和以爲轘藥之禍實本於茲則亦未就其所處之身世而細參之也此當辨者二名家之公孫龍其白馬非馬之論在戰國時固黜其辭勝於理矣今讀龍書若指物諸篇辭涉

虛玄幾有索解而不能得者但取其意而推闡之則辨名正物爲人君者庶不至淆亂是非矣魏牟者其書久不傳按之漢志則道家也鶡鳥之喻乃其宗旨不同耳據列子牟亦盛稱龍者彥和謂貶之非妄是楚則失矣齊亦未爲得也此當辨者三然而極睇參差學家壯觀彥和之爲是言固欲後之文人上窺百氏有以取法之也不然彼特衡文耳衡文而不棄諸子非其識與輕肆擊彈者大相不同哉且諸子之書皆非自撰曰篇述者上古遺語戰代所記在彥和雖第舉風后三家言之吾嘗謂儒家如

晏子道家如管子皆七國戰爭之世爲其學者所錄始從而箸之竹帛今得此說乃益信也即如鬻子今所存者似類後人所爲然道家者君人南面之術則所論用人慎刑之理是眞道家之恉也彥和云餘文遺事錄爲鬻子後儒不知稱爲僞造者夫亦昧其指歸矣聞之昌黎韓氏曰荀與揚大純而小疵夫荀卿論學一宗於禮所言未必不純若劉氏此篇儻所謂大純小疵也乎余故辨其謬誤並就言之成理者引而伸之後之知言君子可以覽觀焉

又案諸子之學始於周初盛於戰國至漢魏以後其學則不復聞矣間嘗推原其故東京而下別集既興士之志在立言者不必守專家之業或闡經義或法史傳皆以入文集之中故隋唐史志於名墨縱橫僅取爲之注釋者以備家數而儒雜二家且互有出入焉此可見百家學術自集部行而衰微不可言矣顧以此篇攷之若陸賈典語賈誼新書與揚雄之法言劉向之說苑王符之潛夫此數子者豈不卓然儒家哉其他崔實之正論則法家也仲長統之昌言則雜家也杜夷之幽求則道

家也固亦旨無旁雜自成一家之言然彥和已謂雖明坦途類多依採則後世學者著書立說既不及陸氏諸賢貞可等諸自鄶存而不論也余此書故以周秦爲斷雖然始於周初者何謂也曰彥和不云乎鬻熊知道而文王諮詢遺文餘事錄爲鬻子子自肇始莫先於茲則諸子之興權輿鬻子非其明證歟顧在春秋時儒家則有晏子道家則有管子陰陽家則有司星子韋名家則有鄧析雜家則有伍子胥由余小說家則有師曠兵家則有孫武范蠡大夫種萇弘諸家並作是亦彬彬乎盛矣豈知彼特

各推所長出而經國未嘗持以名家也持以名家而遂臻極盛者非當戰爭之世乎所謂七國力政俊乂蠭起者此也且夫文至六朝衰敝甚矣六朝文獘去諸子家學遠矣然讀駢文者當以六朝爲法彥和於論文之中兼衡諸子雖所言不無蔽短而能識其源流得失則此書以雕龍標目可知彥和竊比鄒奭將以自名一子矣豈不休哉

又案東平王求諸子漢朝不與彥和謂雜有詭術其說良是余之撰諸子要略終之以正心篇者蓋亦恐學者宅心不正授以諸子之言爲虎傅翼將有作事害政之

虞焉然吾讀孫武之書矣其言曰兵者詭道能而示之不能用而示之不用近而示之遠遠而示之近則武在當時能使吳以僻處之國雄長諸侯者實由詭道得之也夫兵以奇勝有正而無奇必爲宋襄之仁義自取敗亡矣昔聖人之論行軍曰好謀而成是用兵之要首在權謀也以此推之諸子詭術譬諸兵家固識時務者所不能廢抑吾又讀戰國策矣張儀之誑楚也願納商於之地使絕齊交卒之楚受其欺懷王遂客死於秦議此事者莫不責儀之變詐矣然平心而論儀之險惡玩人

股掌在楚言之則罪不勝誅若在秦言之則儀直秦之功臣也夫儀之家學非所謂縱橫乎縱橫一流爲古者掌交之職卽後世之使臣也嘗謂奉使出疆者苟知交鄰之道能於口舌之閒消禍亂雖擇術或出以詭譎其功又何可輕視哉是故諸子之書卽有詭術亦在人善用之耳昔唐之吐蕃國讎也以詩禮春秋爲請于休烈曰資之以書使知權略非中國之利其時裴光庭駁之曰吐蕃久叛新服賜以詩書庶使漸陶聲教化流無外於是元宗從之階是以觀漢之秘惜諸子不以給東

平之求雖得杜漸防微之意實不免鰓鰓過慮也何則諸子者實用之學誠使舍短取長眞足以通萬方之略儻必如秦之燔滅古文以爲如此則愚民不敢爲非豈知愚民者適所以自愚乎且漢崇經術矣張禹以論語王莽以周官天下卒蒙其害以此可見學術之患在人而不在書也又豈經教之咎哉故由吾言之讀諸子者果識其救時之志要無庸巧詆而深排焉不然武侯以名法治蜀魏徵以縱橫相唐古人有取以經國者矣亦何病於諸子而必屏棄不觀也乎

韓滮澗泉日記秘書監王欽臣奏差員靖大師陳景元校黃本道書范祖禹封還以謂諸子百家神僊道釋蓋以備篇籍廣異聞以示藏書之富非有益於治道也不必使方外之士讎校以從長異學也今館閣之書下至稗官小說無所不有既使景元校道書則他日僧校釋書醫官校醫書陰陽卜相之人校技術其餘各委本色皆可用此例豈祖宗設館之意哉遂罷景元

謙案校讎之學昉自西漢當成帝時中書散逸於是遣謁者陳農搜緝遺亡而使劉子政氏爲之檢校每一書

已向輒條其篇目撮其指歸卽所傳別錄是也顧向之所校者僅經傳諸子詩賦而已其餘兵書則任宏術數則尹咸方技則李柱國各設專官不復雜以他職豈非學有專長不如此不足推明義理而辨其得失之所在乎范氏恐異學競起不欲令道書之校屬之景元其用意亦未嘗不是不知僧校釋書醫官校醫書陰陽卜相之人校技術苟欲識學術源流正當委諸本色盡用此例何則校理秘文必待顓門名家乃能討論精詳有功墳籍也不然漢代校書術數何以責太史方伎何以責

侍醫而兵書一略何以修之於步兵梭尉哉然則范氏之言不可信矣今夫諸子百家其學皆思以求治者也何以知其然哉試徵之墨子其魯問篇曰國家昏亂則語之尚賢尚同國家貧則語之節用節葬國家憙音湛湎則語之非樂非命國家淫僻無禮則語之尊天事鬼國家務奪侵凌則語之兼愛是墨子通權達變不囿偏隅固將以其道措之治術者也夫墨子非孟荀以下所羣相擯黜者哉乃其所以相地而施者蓋欲擇術以圖治也況公輸攻宋墨子拒之其非攻之說又足見之行

事乎若是墨家且然彼道法諸家有不志在經世者與
司馬談曰陰陽儒墨名法道德此務爲治即其明證也
且夫書之有益治道亦在讀之者何如耳古之儒者以
論語文姦言以周官立新法依託六經卒至誤國烏可
以行之有弊遂謂經教無裨治化哉諸子之書使得善
讀者神而明之則正治理所資也范氏乃謂備篇籍廣
異聞以示藏書之富彼殆未深於丙部矣乎昔唐之魏
徵賢相也所著羣書治要博取諸子可知有宋以前爲
人臣者苟足助益治理未有遺棄諸子者也若以爲此

特示藏書之富是既不求之有用甚且以諸子救時之

學玩視之而無足重輕也夫諸子豈可玩視哉

莊元臣叔苴子內篇易道于九流家言無所不有履之卦儒家流也艮之卦釋家流也頤之卦墨家流也井之卦道家流也噬嗑之卦法家流也同人節卦墨家流也睽之卦楊朱家流也師之卦兵家流也大畜之卦術家流也巽之卦權奇家流也治方術者各得一察焉以自好自以爲得儒者所未得而儒者亦拒之於道外不知其未始不出吾宗也譬如始祖既遠本支繁昌子孫千億不相辨識遂以塗人視之而獨守

一大宗以爲本族不亦隘乎此不明于易故耳故曰易冒天下之道又曰天下之能事畢矣惟深於易者知之

謙案易之爲書廣大悉備自漢以來言神仙修煉者則有周易參同契言陰陽占驗者則有周易洞林諸書在不知者或病其依附聖經流爲異學豈知此固易道之大無所不該也不甯惟是如莊氏言非諸子家學亦於是乎具之哉或問履卦之爲儒家何也曰說文禮者履也象傳上天下澤履君子以辨上下定民志蓋正名定分儒家經世之指故晏子春秋其開宗明義則以禮義

爲言荀子全書凡論治論學無不約之於禮也或曰頤之卦同人節卦其爲墨家流何也曰班志於墨家云養三老五更是以兼愛頤之彖傳則曰天地養萬物聖人養賢以及萬民豈非墨子兼愛實得頤之用乎同人者以和同爲貫卽墨子尙同之意也節卦者以節儉爲宗卽墨子尙儉之說也由是觀之墨家一流宗旨所在不爲易所囊括者哉或又曰井之卦噬嗑之卦其爲道法二家何也曰道家重養生井養而不窮是道家所本也噬嗑曰先王以明罰勑法則法家之信賞必罰導源於

此亦可知矣雖然師之卦爲兵家大畜之卦爲術家則又何說曰以經義攷之師出以律否臧凶足見用兵之要在嚴紀律也雜卦曰大畜時也天文家歷象日月星辰敬授民時故術數家出於大畜也莊氏曰易道於九流家言無所不有詎不信哉詎不信哉若夫道家之外復有楊朱家兵家之外復有權奇家此分析過甚不必置辨至釋氏晚出以艮爲釋家雖得艮止之義要非古之九流則更無論矣然莊氏之深於易學並能知百家異術皆會歸於易可謂好學深思心知其意又豈淺見

寡聞者所可同日語哉後之儒者拒之吾道之外而自
諸子爲異端亦足以憬然悟矣夫無諸子而聖人之經
尊有諸子而聖人之道大此固余一已之私言然徵諸
論語有顯然易明者何則無爲而治恭己南面道家之
爲也必也正名名不正則言不順名家之爲也節用愛
人儉吾從衆墨家之爲也道之以政齊之以刑法家之
爲也使於四方不辱君命縱橫家之爲也雖小道必有
可觀小說家之爲也臨事而懼好謀而成兵家之爲也
子貢氏有言曰不得其門而入不見宗廟之美百官之

富所謂百官者卽百家也蓋言孔子之大所以百家騰躍終入環內者也夫聖人爲儒家之祖不廢百家爲儒家者乃獨守一大宗視諸子爲途人莊氏譏之並爲之罕譬而喻然則以此爲坊後世猶有肆力觝排者夫亦不可以已乎且漢書諸子一略既以儒家之學列諸九家之首其序則曰彼異家者六經之支與流裔又曰習六藝之文觀此九家之言可以通萬方之略是孟堅明示人以儒道雖高不可深閉固距遂掩諸家之所長也不此之察復從而非毀之屏棄之學者之黨同妬眞所

不免隘陋之誚乎雖然學者之不免於隘陋蓋有故矣學術之原始於象數後之解易者或明義理或詳災異彼且不知先聖作易之指而諸子又鄙之爲不足道語曰整派者依源理枝者循幹此後世所以不多覯也莊氏責其不明於易誠哉是言

焦竑筆乘朱子解經不爲無功但于聖賢大旨未暇提掇遇精微語輒恐其類禪而以他說解之是微言妙義獨禪家所有而糟粕糠粃乃儒家物也必不然矣趙學士孟靜云昔讀朱子私抄未嘗不惜晦翁之不嗇於言而勇於爭論比往讀

荀卿譏孟子略法先王而不知其統未嘗不駭其言也及探道日久心稍有知回視孟子之禽獸楊墨竊謂持論之過嚴矣夫二子之學要有所本也墨子本於禹楊子本於黃帝老子皆當世高賢其學本以救世至其徒之失眞則非二子之罪也遽極其討伐而擬諸禽獸非不深究先王之學術亦各有在之過乎謂之略法者以言不深考云耳夫孟子法孔子則孔氏以前有所不暇考荀氏之言或未爲過至謂不知其統則決不敢以荀言爲然何者統者道之宗也言之所由出也立言而無其宗如瞽在塗觸處成窒豈宜以論孟氏也孟

于之宗持志養氣是也義卽子思之中和也夫晦翁法孔孟
法堯舜堯之授舜曰執中而子思訓中爲喜怒哀樂之未發
翁則以人自嬰兒以及老死無一息非已發其未發者特未
嘗發耳其非子思之旨明矣乍末年乃嘆師門嘗以爲教顧
己狃於訓詁文義而未及求乍老年尙起望洋之嘆不知翁
之姑爲是謙退耶抑所造實若此耶使所造實若此則翁所
法孔子之統者何在夫晉鄙之未遇魏公子也猶三軍之主
也及公子一旦奪符而鄙休矣故三軍從符而不從將者也
千聖之統一符也千古之聖賢一公子也千古智愚之心靈

一三軍也翁之統一諸子者不能合符孔氏則雖評隲之工彈說之盡椎擊之便剝別之精但服其口而不能服其心矣蓋自孔子沒而微言絕棼棼好飲食而尠廉恥以詩書發冢者塞路矣故荀卿斥之爲賤而莊生欲齊物論也夫物論者謂人各是其是而非其非故曰大言炎炎小言詹詹如衆竅之號而各據其翏翏刁刁以相爭於靡然之途者也夫莊子之雅意欲息諸子之爭論以相安於道術之中云耳顧雖程邵大儒亦不之察乃去其論字直以莊生爲欲齊物如孟子稱物之不齊之物乃曰莊生欲齊物而物終不可齊嗟乎文

義尚不知解況背會其意乎後之善言道術如莊周者莫如太史公也太史公嘗論六家指要矣曰吾於道家取其長焉耳吾於儒家取其長焉耳吾於墨家名家法家陰陽家皆取其長焉耳其短者吾直棄之已耳所貴於折衷者之要者不當如此乎今觀晦翁之書其所評隲千古彈說百家權擊名士剝別羣言不遺餘力矣有曰吾于某而取其某長者乎有曰古之學術有在於是某乃聞其風而興者乎有曰各以其術鳴而同於一吹目爲天籟者乎故予嘗謂學術之歷今古譬之有國者三代以前如玉帛俱會之日通天下之物濟天

下之用而不以地限也孟子以後始加闢議焉稍參隘矣至宋南北之儒殆遏糴曲防獨守谿域而不令相往來矣陳公甫嘗嘆宋儒之太嚴惟其嚴也是成其陋者也夫物不通方則國窮學不通方則見陋且諸子自董揚以下蘇陸以上姑不論翁法程張矣而不信程張尊楊謝矣而力闢楊謝凡諸靈覺明悟通解妙達之論盡以委于禪目爲異端而懼其一言之涉己顧自處于日看案上六經論孟及程氏文字於一切事務理會以爲極致太極無極陰陽仁義動靜神化之訓必破碎支離之爲喜稍涉易簡疏暢則動色不忍言恐墮於

異端也昔項氏父子起江東以尊號與楚心劉伯升兄弟起南陽以尊號與更始皆授人以柄而後爭則久已出其下矣晦翁之論以爲闢禪而不知其實尊禪夫均一人也其始可以學禪可以學儒也謂靈覺明妙禪者所有儒者所無可乎非靈覺明妙則滯窒昏愚豈謂儒者必滯窒昏愚而後爲正學邪子思曰惟天下聰明睿智足以有臨繫傳曰古之聰明睿智神武而不殺是豈塵埃濁物昏沈鑽故紙而已邪僕往日讀諸子書其論如此又欲以暇日披覽抉擿取其合者爲一編別爲一書以表諸子凡經朱氏掊擊者明其學之各有

宗也附於莊生道術之後以繼鄒魯縉紳之論以關涉頗大力未必能遽爲而止也

謙案宋儒論性溺于禪學朱子解經恐其類禪而以他語解之者蓋睹理學末流之失思有補救之耳焦氏之解論語也雜用禪理即見本書是彼自惑於釋氏汨亂聖經而反以詆謗朱子矣夫朱子豈可詆謗哉雖其中以南北宋儒者謂其過羅曲防獨守谿域不令往來固亦持之有故而言之成理者然當佛學熾昌之日獨能修明聖教爲吾道之干城朱子之功眞不在孟子下矣焦氏

任意抨彈可謂多見其不知量也顧吾讀國史經籍志矣攷鏡源流辨別得失焦氏於諸子家學果有深知而灼見者則此篇之誹毀朱子是其意之所重在表章百家故顧此者不免失彼也若是立言之難不亦信哉夫諸子之術各有所宗焦氏曰墨子本於禹楊子本於黃帝老子皆當世高賢其學本以救世至其徒之失眞則非二子之罪斯可見墨子之兼愛至於無父楊子之爲我至於無君乃數傳以後學者失眞之過耳且墨子之言曰凡入國必擇務而從事焉國家昏亂則語之尚賢

尙同國家貧則語之節用節葬國家憙音湛湎則語之非樂非命國家淫僻無禮則語之尊天事鬼國家務奪侵淩則語之兼愛楊子之言曰伯成子高不以一毫利物舍國而隱耕大禹不以一身自利一體偏枯古之人損一毫利天下不爲也悉天下奉一身不取也人人不損一毫人人不利天下天下治矣由此觀之楊墨之道雖有蔽短其始皆經世之術也焦氏稱其本以救世豈非知言之君子哉抑諸子爲專家之業其互相駁擊者亦欲以自明所長耳昔荀子之非十二子於魏牟諸家

不嘗斥其欺惑愚衆乎乃天論篇則曰墨子有見於後無見於先老子有見於詘無見於信墨子有見於齊無見於畸宋子有見於少無見於多此足徵古人持論出於至公不以宗旨不同凡異己者苟有所見遂從而堙沒之也焦氏據史談之六家要旨而美其能折羣言之衷然則後之儒者不問諸子是非而一切排擯之曰是異端也是異端也其識之褊隘不與焦氏甚相遠哉往者劉向之校中秘也於六藝九流皆能條其篇目撮其指意吾嘗以別錄散亡而爲之搜輯佚文矣今焦氏欲

別著一書以附莊生道術之後使其書果成當必有卓然可傳者也特惜以關涉之大未能遽爲而止嗚呼余此書之作又可少緩乎哉

又案孟子之於楊墨所以辭而闢之者蓋以當時聖道不明學者皆趨於楊墨故痛抑之以爲衛道計耳其言曰豈好辨哉不得已也豈非楊墨之距特以潤色儒業而伸此者不能不絀彼乎且孟所距者以其時攻之乃在楊墨之徒非親與二子相攻也（楊朱老子弟子墨翟稍後孔子）不然楊子之爲我墨子之兼愛何以孟子亦取之而獨責子莫

之執中無權舉一廢百乎此章楊子取爲我拔一毛而利天下不與墨子兼愛摩頂放踵利天下爲之傳之曰子僅辨其學之術之不同而其下則識子莫之執中可知孟子亦取楊墨以此觀之所謂楊氏爲我是無君也墨氏兼愛是無父也別之爲氏而比之於禽獸者則亦黜後世之流弊耳焦氏謂徒之失眞非二子之罪其說當矣而於孟子則曰孟子法孔子孔氏以前所不暇考是未知極其討伐而擬諸禽獸孟子之貶斥楊墨卽在末學失眞之過誠非不能深究先王學術樂爲此曉曉之辨也抑荀子儒家也儒家之中宗旨有異焉者矣荀子長於禮其非孟子不知其統蓋孟子之道

重在仁義而禮制則在所略也荀子曰將原先王本仁義禮正其經緯蹊徑是荀子之意以爲欲行仁義當以禮教爲先耳然則不知其統者非譏孟子之不統於禮乎詳見前卷焦氏不識孟荀異同而不敢以荀言爲然吾固非尊荀而抑孟者也但以荀子之學一本於禮非十二子而兼及思孟者實取禮以爲之斷此則不可不知者也故余既嘉其能知百家得失矣凡此二者焦氏則語焉不詳復爲辨正之如此

文震孟諸子彙函序自漢史遷爲六家指要之說而劉歆則

有七略班孟堅作藝文志又有名十家者後分四部之書而諸子百家皆列於子部隋唐以降凡儒道法家名墨縱橫之類與六經並陳蓋其精神意識上下千百禩翊文運而行雖升沈代謝而單詞隻字能收豪杰之魄破英雄之膽六經諸子寔相表裏若模稜而求輒目子爲異端則孤村酸腐誠不知天之高地之下而何足與之論六經哉震川歸先生慨慕荆州志起八代之衰自許一生得力盡在諸子其讀子故有心法氣聽神視意色俱忘居平披覽子集亡慮百家朱綠玄黃終始互易見者莫測其津涯有淵博家競覓刻本對簡摹

臨而書種不周徒興浩歎昨歲賈人先行老莊合刻舉世爭
嗜如飲醍醐則諸子之散見者何可弗合喜先生於老莊全
帙煒煌而諸子耑以篇法賞其奇就先生所玩味者彙錄成
函奚囊簇錦不亦快乎此余夙願而賈人領之遍購先生所
評閱諸子託諸剞劂俾余得縱觀焉因想先生讀子心法匪
特以古人用我而直以我用古人也諸子言人人殊我挹取
其靈襟出玄心以剖合焉斯諸子之奇胸中閶闔自成今古
宜嘉隆以來大地文章先生獨剏其局彼戔戔者流侈口矜
得貲傳究皆浮浪倘亦未悉先生之讀子乎則此彙函之刻

誠不容稍後夫老莊矣雖然淺深同異惟上士嘿察其精不者胡足語此卽余揮塵空譚亦癡人說夢耳奚贅爲

謙案有明之世古文大家首推震川歸氏以此序觀之則歸氏又深於子學者也雖其中以屈原爲玉虛宋玉爲鹿谿凡若此類所標名目近於鄉壁虛造爲通識所不取然甄錄全篇不加刪削勝於尋章摘句僅備詞章之用者多矣且屛諸子爲異端自宋以來莫不如此今文氏曰六經諸子實相表裏模棱而求輒目子爲異端孤村酸腐何足與論六經是其湛精家學知其有輔經

教而異端之說爲所深惡有先得我心同然者也雖然讀諸子者要當通其學術歸氏心法之論不過使能文之士略法諸子而已余往聞章實齋之言曰三集既興九流必混又聞惲子居之言曰百家之敝當折之以六藝文集之衰當起之以百家嘗輯十家文編此書以周秦西漢爲斷者班志所載惟不錄本書不欲如歸氏之妄爲筆削以己意去取故文必錄其見諸他籍者於一篇之後發明其宗旨俾誦其文者或可因言以見道並自爲之序曰六經而後奇文鬱起其諸子哉夫諸子蓋作道源職官七略要删睎驥乎隆古五代條別探驪乎成周以一二說衡

之其唯隨之經籍乎何者官禮猶在可質而言焉昔周之文治俶落姬旦事爲之制世食其官鉅而天地四時微而輪輿百伎莫不斆然爵序詒厥燕謀其時司徒爲儒太史爲道小說則有誦訓從橫則有掌交凡夫名墨陰陽皆得術其耑章賫爲故實上以之爲政者下卽以之爲學雖經典亦官守之書而私師無撰述之例所以一道同軌彬彬乎休矣哉東遷以降王略中否天子失官諸經去籍國殊俗異而亂端肇於此矣於是夷吾體道豈九合之勳平仲純儒補三朝之闕子胥雜服吳俚

以主盟鄧析名言鄭用其簡濃蓋諸子家學往往間出矣栖遲至於戰國七雄力政百氏響臻而遂僃極盛焉然孝公兼幷之心商君倡以六法昭侯言彊之效申子行其三符吳起翼魏以兵謩張儀成秦於横道雖學不宗聖或篤守其家言然功在傾危足垂暉於國策者焉若夫儒學告衰荀孟於焉潤色道術將裂列莊以爲寓言墨氏崇儉以通權韓子明法而孤憤其持之有故言之成理圖儆乎救世之士哉故其顯嘿不同而爲有用之學則未之或異也且夫諸子豈欲以文傳哉然而蜚

辯以馳術亦若稟經而立言矣是故道家之尙嗛柔陰陽之闡幽眇易理也縱衡之孅顝對小說之原稗官詩教也悝鞅立法賞罰綦嚴有春秋褒貶之旨也尹惠正名異同別囿有禮經貴賤之差也蓋以六蓺彌綸守臧柱下所繇百家騰躍終入環中者也漢志斷其流裔文心哲其枝條豈不然哉乃後世屏爲異端眯其宗旨於是荀卿善禮儕性惡而見訾老氏守中淆神仙而等跡公孫之名實黜之爲詭辭韓客之孤忠疑其爲游說其佗觝排攘斥者不可勝祘而妄以九流之術謂非六學

所該異哉此儒者之所以無裨世用也夫無諸子而聖人之經固尊有諸子而聖人之教愈大不然得門足見百官吾道何爲一貫哉嘗試方之國建相臣不曠郡縣家承宗祖是粤曾昴今謂台鼎爲華無取乎令長枝葉流衍必非其本根有厥理乎吾知其不克通也雖然隋志則編四部漢武則擯百家矣夫仲舒顓儒欲以表章六蓺商准一尊可也豈虎觀說經遂諡通德龍門列傳壓列儒林乎炎劉一代崇尚專家晁錯則以法鳴洪烈則以雜著陰陽則張蒼之歷牒小說則安成之未央蒯

通莊安則從衡之詞命焉蔡葵氾勝則農稷之樹植焉至若王符潛夫應奉後序崔寔日令仲任論衡罔不新簿芬菲今昔難炳者矣迺謂儒術以外遂非王道所庸不亦謬哉夫葛亮之治蜀也以刑法約之元成之相唐也以縱衡出之要在用之何如耳必非薄諸子非俗儒之見與於戲漢魏嬗攘之際其子集升降之交哉曹氏開基偏重文學由是孔璋以符檄流聲徐幹以論賦標孅建安遂轉後來用爲美譚矣還至典午世益迍邅叔夜師心嗣宗使氣元亮則落落孤賞景純則影影欲僊

雖時扇元風流及文體本漆園爲模則成藏室之義疏近於道家之所爲而要爲文苑之傑出也然其間偉長中論儒道也桓範世要法制也魏文之士操刑名之指也邯鄲之笑林小說之遺也張華博物爲雜家淹貫之長矣虞喜安天得陰陽曆象之術矣彼如譙周法訓杜夷幽求劉廙政論姚信士緯楊偉之時務裴啟之語林皆足掞藻名家齊鑣戰代者也宋齊而下去古愈遐欲如梁元玉韜臺卿實典斐然有作戛乎其難于時文擅麗辭學開音韻雖亦自成馨逸不免取誚俳優矣是時

厥後唐工詩賦宋言性理而諸子經世之書餘風蔑如不重可唏哉雖然有唐取士兼採衆流今觀異家之注駢溱鋒出楊倞則釋孫卿矣知章則纂筦氏矣元英則造莊疏矣牧之則攻武書矣雖不能攷竟源流辨章學術亦一時之盛也至于魏徵治要馬總意林則尤芟截浮詞將以發攄行事者矣夫諸子各推所長以明其指固未有不迹道言治者也乃昌黎韓氏欲以三蒼古文之名而起八代積衰之習于是匃馳臆斷肆田巴之譏彈鏟短簡長操魯之筆創而柳子厚坿之遂使蘭陵定

小疵之論圄宼受異術之嘲何其好爲妄言若此乎典論曰文人相輕自古已然吾于茲見之矣夫青藜校閱紅休承流果能撮其指歸條其篇目下此者若中經阮錄大體雖準向歆而已不逮矣宋儒蔑古聞風而興晁公武之讀書高似孫之緯略馬貴與之通攷陳直齋之解題紙札無情任其搖裂高下隨意掞以愛憎或執聖道以相繩皆各錯別錄而虛造不能不嘆息恨痛于作僞者也乾嘉諸儒獨樹漢幟釋經之餘旁及諸子商榷宋明之本理董文字之間窮蹟攷訂耳其如章實齋

之精於校讎汪容甫之徵其流派豈堪多覯哉近世陳蘭父輩又强取墨辯之篇附會格致之學自此說出而新書可列小康兼愛謂爲平等更不勝窮詰矣今夫諸子豈欲以文傳哉然而體要則昔備於斯也韓公子之儲說非連珠之權輿乎孫祭酒之成相非宋玉之辭賦乎枚乘七發不本孟子之尊古制乎呂覽六論不啟班氏之議王命乎是可知諸子者羣言之祖郁郁哉質有其文者焉後之言文製儷語者作六代之耳孫趣單行者奉八家爲鼻祖彼其聆黃初之淸綺赤運之雄恢且

謂灝乎莫及矣況諸子哉夫整派者依源理枝者循幹萬事有之文亦宜然豈剏董傳諸書並載山川之頌徐樂數奏壓陳土瓦之形家令知兵欲銷邊釁長沙痛哭遂留政書俱爲表章之篇不入詩賦之略當日中壘別白汗簡殺青必統歸于簿矣非卽後人別集哉善乎劉彥和之論文也其言曰孟荀所述理懿而辭雅管晏屬篇事覈而言練御寇之書氣偉而采奇鄒子之說心奢而辭壯墨翟隨巢意顯而語質尸佼尉繚術通而文鈍鶡冠緜緜亟發深言鬼谷渺渺每環奧義情辨以澤文

子擅其能辭約而精尹文得其要慎到析密理之巧韓非著博喻之富呂氏鑒遠而體周淮南汎採而文麗然則其諸子一篇固以爲極睇參差學家壯觀矣乃昭明入選諸子遺焉于是寶臣文粹天爵文類不過睪牢衆製或期裨益史宬如是而已我 朝惜抱類纂爰籍其失博綜今古而諸子始有甄采也但猶語其體裁未皇詳其派別則仍文選之爲例不純矣蕭氏自序有云老莊之作管孟之書蓋以立意爲宗不以能文爲本明其不登諸子不欲齊之文集其識不誠卓哉何以賈誼之

過秦揚雄之解嘲鄒陽之上書方朔之答難不聞儲之
別簡錄爲韻書將獨非諸子乎哉夫唐宋文家若韓愈
之儒宗元之名杜牧之兵安石之法其足成一子世之
善文者多能道之令使取三代以來下訖西漢輯其篇
章釐其區附俾籀其文者因言見道斯非來學快事哉
余既作魏晉流別約之諸子矣經怪鍾鐐品詩知幾譚
史皆綱羅閎富揚搉是非雖子鈔擷自休文子要成于
藏用未必如史談之要指況其爲酒誥之俄空嘗撰子
通一書挈其綱矩復句古人異論而箸諸子通攷矣今

者萃茲十家都爲一集以爲諸子之書其所以巋然靈
光未盡闃焉蓋缺者猶恃人之不廢斯文也有明之世
鍾伯敬之銓品歸震川之彙函別五色而辯鶡詡九方
之相馬其自標獨鑑闇若傳燈固與無足論而諸子之
待文而存實有繫乎此也夫祖述唐虞留思仁義儒家
文也鑒觀成敗秉執撝謙道家文也循聲責實尊君卑
臣名法家文也歷說權宜熄兵弭患從衡家文也于是
瞑鈔昕寫提要鉤元宗東觀之舊目睢貿其農臺西京
之見存先迺其意庶幾有嗜古者持此以往不特百慮

同歸足以闚瞰戶牖抑且三集岐出不難指揮廟堂矣將知言君子必亦有樂乎是也爰錄序文於此好學治古文者可以觀矣

諸子通攷卷二終

諸子通攷卷三　　四益宧叢書

內篇

元和孫德謙益葊父撰

漢志諸子略儒家者流出於司徒之官所以助人君順陰陽明教化者也游文於六經之中留意於仁義之際祖述堯舜憲章文武宗師仲尼以重其言於道最爲高孔子曰如有所譽其有所試唐虞之隆殷周之盛仲尼之業已試之效者也然惑者既失精微而辟者又隨時抑揚違離道本苟以譁衆取寵後進循之是以五經乖析儒學寖衰此辟儒之患

謙案儒家之術其源流得失備於此數語故藝文一志

實諸子之提要也昔孟子著書七篇其見梁惠王也則曰何必曰利亦有仁義而已矣賈誼新書首篇過秦云仁義不施而攻守之勢異由此言之孟子與賈誼其開宗明義均以仁義爲主則志所謂留意仁義者正儒家宗旨所在也且董仲舒漢之大儒也春秋繁露重政篇云聖人所欲說在於說仁義（提要故言此書大旨在於統仁義）荀悅申鑒者隋志列之儒家自叙作書之意曰古之聖王其於仁義也申重而已若然周秦以降儒家著述雖悉數之不能終或有殘佚不存者而即是以觀爲儒家者凡其立言

垂教未有不出於仁義者也抑聞之趙岐孟子題辭云通五經尤長於詩書劉子政作別錄於孫卿子有云善爲詩禮易春秋可見儒家之中以荀孟論或言性善或言性惡或法先王或法後王派別雖不同要其游文六經則無有異焉者矣不寧惟是羣輔錄云顏氏傳詩爲道爲諷諫之儒孟氏傳書爲道爲疏通知遠之儒漆雕氏傳禮爲道爲恭儉莊敬之儒仲梁氏傳樂爲道以和陰陽爲移風易俗之儒樂正氏傳春秋爲道爲屬辭比事之儒公孫氏傳易爲道爲潔淨精微之儒則此六儒

者各守一經以相授受固不若七十達者身通六藝而儒家之學志謂其游文六經豈不彰明較著與顧或者謂儒家依經立說原本仁義是既然矣乃追溯其始出於古者司徒之官果何說乎嘗攷之尙書舜命契曰百姓不親五品不遜汝作司徒敬敷五教在寬孟子亦曰使契爲司徒教以人倫父子有親君臣有義夫婦有別長幼有序朋友有信則儒者之業雖自成一家其所以明五常之道特以司徒職守在是耳且周之盛時司徒一官典治邦教厥後王室東遷官失其緒孔子者契後

也懼堯舜禹湯文武之業及吾身而不傳於是修明其教而儒家遂奉爲師法焉故儒家之祖述堯舜憲章文武宗師仲尼以重其言豈不以儒道始於唐虞而成於我孔子乎雖然百家皆有蔽失獨謂儒家無弊者則未必然也試以漢徵之當漢之初叔孫通定朝儀雜用秦制致使三代典禮無聞於後世所謂惑者既失精微是也及公孫宏深於春秋之學以布衣居相位而希主阿容當時目之爲諛儒非又辟者隨時抑揚苟以譁衆取寵乎逮至武帝以後尊奉經教儒統既一天下彬彬多

文學之士似乎聖道至此而大昌矣乃春秋分爲五詩分爲四易有數家之傳譊譊者各習其師互相爭辨不知闡其大義抉其微言以潤飾吏治若是五經乖析儒學寖衰班氏於斯蓋有慨乎其言之者也儒林傳曰利祿之途使然夫儒者傳經漢稱極盛而衰端即肇於茲可不惜哉然而治儒家言者苟欲知其源流得失班氏此數語殆足以盡之矣吾故曰藝文一志實諸子之提要也

又案諸子一略敘儒於道家之上正足見班氏之尊儒

也乃志於道家云此君人南面之術於儒家云助人君
順陰陽明教化似班氏亦知道家爲君道儒家爲臣道
所以輔君者矣夫天尊地卑君臣始定儒家既爲臣道
則不當在道家之先皦然甚明今翩然反之不幾以臣
抑君乎詎知儒家以仲尼爲祖仲尼在庶雖未得天子
之位而其刪修六經固有王者起必來取法者也太史
公曰中國王侯言六藝者折衷於夫子可謂至聖若是
孔子者萬世帝王之師表也儒家一流遠承其統則道
家雖爲君道其不能與儒家爭長也亦可悟矣然則班

氏著其說曰助人君而復揭其指歸曰宗師仲尼以重其言所以尊儒者乃其所以尊聖也且漢初方士依託道家專求長生不死之術以蠱惑人主是道家已失其本眞矣若儒家者自武帝表章六經罷黜百家亦已別黑白而定一尊則推崇儒術又以遵時王之制也雖然讀古人書要在尚論其世矣至班氏部次九流獨以儒家居首爲其師法聖人於道最高此義則誰復知之後之儒者譏其言之多舛或以儒與諸家並列謂六藝支蓺之末嗚呼豈不悖哉

又案孔子删定六經爲百王法固古之道家君人南面之術也後世尊崇儒術因以孔子爲儒豈知聖人之大儒家不足以盡之子思子述中庸曰考諸三王而不謬建諸天地而不悖質諸鬼神而無疑百世以俟聖人而不惑蓋極言聖人道高千古德並兩大而豈囿於儒者一家之學哉志云唐虞之隆殷周之盛仲尼之業已試之效其論儒教也雖合仲尼言之然必謂宗師仲尼者可知儒家一流特以仲尼爲師故居百家之首而非以仲尼爲儒也不然志於六藝何以別爲一略而於儒家

何以僅稱其游文六經乎儒家之於六經既不過游文於此則儒家但闡明經義者而聖人之經垂教萬世爲人君師法不可遂視爲儒家亦明矣且家語者孔子之家譜也志坿論語之後班氏之推重聖道誠得其宜乃後之史臣不達此意入之儒家之中何其小我孔子乎夫以孔子家語可次儒家則孟子之書自可升之於經矣吾非敢抑黜孟子也然孟子有言曰乃所願則學孔子是孟子特在願學之列而其所以觝排楊墨蓋將閑先聖之道以爲孔子功臣耳今尊孟爲經殆未知孟子

之所謂頤學者彼方以未得爲孔子徒而遂私淑諸人也夫孔子爲道家南面之術與儒家有高卑之判余故因班氏宗師仲尼之言爲縱論之若此

又案志云祖述堯舜憲章文武蓋以凡爲儒者立言宗旨無不如是然以吾觀之孟荀二子其派別即分於此何也孟子長於書書首唐虞故一則曰人皆可以爲堯舜再則曰堯舜與人同耳即其論性也歸之於善亦以能爲堯舜故人性無不善記者曰孟子道性善言必稱堯舜由是言之孟子非祖述堯舜者與若荀子之學一

本於禮雖劉向書錄謂其善爲詩禮易春秋而其全書則皆以明禮爲主禮者至周而大備周公所作周公成文武之德者也其言曰禹湯有傳政不若周之察又曰法後王所謂後王者蓋謂周文武也昔聖人嘗曰文武之道布在方策至其論禮樂也則曰吾從周禮今用之吾從周荀子既深於禮則其以後王爲法可知即孔子從周之意而爲憲章文武之證也且荀子性惡之說爲後儒所抵斥不知禮者事爲之制曲爲之防直爲性惡而設故禮論篇既云先王惡其亂也故制禮義以分之

而於性惡篇則言若以人之性固正理平治則又惡用聖王惡用禮義豈非禮教之立所以治人之性使之去惡而遷善乎夫經禮者周之舊典也荀子原其定禮之意故闢孟子之性善而謂其善者僞耳以孟子之性善而荀子闢之亦由修文武之教與孟子之紹法堯舜其派別有不同也雖然史記儒林傳曰孟某荀卿咸遵夫子之業而潤色之則孟荀立說雖同門異戶有如法言所論而其宗師孔子則一而已矣

又案儒家之學班氏謂游文六經留意仁義既已挈其

要歸矣然吾又有說焉昔荀子之書以勸學爲首以堯
問爲終宋王伯厚氏稱其上法論語是固然矣豈知儒
家以教民爲務不但荀子若此楊子法言則始於學行
矣徐幹中論則始於讚學矣是儒家立言無不詳於爲
學夫其所以詳於爲學者直以儒道原於司徒司徒一
職專掌邦教故無不以論學爲先也其他尸子則有勸
學篇呂覽亦有勸學篇蓋此二子者列在雜家特以兼
宗儒墨故耳至兵農名法則不復言此矣後之學者試
取是說以求之而儒家之旨與諸家之分別部居不相

雜厠所云可坐而定者也顧此一義爲班氏所未及而儒家重學爲教化之原讀其書者不可不知爰爲補其遺云

附録

隋志儒者所以助人君明教化者也聖人之教非家至而戶說故有儒者宣而明之其大抵本於仁義及五常之道黃帝堯舜禹湯文武咸由此則周官太宰以九兩繫邦國之人其四曰儒是也其後陵夷衰亂儒道廢闕仲尼祖述前代修正六經三千之徒並受其義至於戰國孟某子思

荀卿之流宗而師之各有著述發明其指所謂中庸之教百王不易者也俗儒爲之不顧其本苟欲譁衆多設問難便辭巧說亂其大體致令學者難曉故曰博而寡要

謙案三代以上政教不分學統於官故周官一書千古之學案也志於法家則證之司寇司刑於名家則證之宗伯於墨家則證之宗伯與肆師於從橫家則證之掌交於農家則證之司稼於小說家則證之誦訓職方於兵家則證之大司馬於天文家則證之馮相於五行家則證之保章馮相卜師筮人占夢眡祲於醫家則證之

醫師是可見百家道術其始皆原於周官也今云太宰以九兩繫邦國之民其四曰儒解者雖謂諸侯師氏之下又置一保氏之官不與天子保氏同名故號曰儒然儒以道得民固周官世守之遺矣顧漢志云祖述堯舜憲章文武茲乃推溯黃帝豈道家出於黃老而黃帝亦儒家所祖與曰黃帝之道廣大悉備是故陰陽家有黃帝泰素焉雜家有孔甲盤盂焉孔甲者黃帝之史兵家有黃帝十六篇焉封胡風后力牧鬼容區則皆爲黃帝臣矣方伎家又有黃帝內外經焉傳曰黃帝正名百物

而李官之設復刱於黃帝班志以法家出理官理與李同若然名法二家亦衍黃帝之緒至造律呂以起消息正衣裳以表貴賤儒家重禮樂禮樂者非黃帝所創制哉且司馬遷作史記於五帝本紀以黃帝爲首獨惜孔子所傳宰予問五帝德及帝繫姓儒者或不傳然則儒家一流未嘗不誦法黃帝矣志之並數黃帝不亦宜乎雖然儒學之尊自黃帝以來至春秋之時將遂廢闕我孔子修正六經於是仁義五常之道乃復明於天下然曰三千之徒並受其義又曰孟某子思荀卿之流宗而師之各有著述發

明其指豈不以儒家之業孔子傳諸弟子而子思孟荀著書立說始自成一家言與或者不知以儒家宗師仲尼遂目孔子爲儒亦未識聖人之大非若是其淺隘也彼俗儒之博而寡要誠以崇奉聖人必如思孟諸家乃能行之無弊否則失其本眞罔知大體訓詁一家性理一家互相攻詰無裨治道既貽人以口實而經教且將詆爲無用焉嗚呼後之儒者其亦三復斯篇而以明教化爲務焉可矣

又案志言中庸之教百王不易或者問曰如其說似儒

家垂教爲後世帝王所法是卽道家者流君人南面之術也曰此固就聖人六經言之六經者詔示百王者也觀其前云聖人之教非家至而戶說故有儒者宣而明之豈非謂三千弟子與夫孟荀之徒各著書以闡發經指而孔子之教載之六經者乃爲不偏不易傳之百世而無惑與若是聖道儒術志蓋區以別之矣

歐陽修崇文儒家原敘仲尼之業垂之六經其道閎博君人治物百王之用微是無以爲法故自孟軻揚雄荀况之

端其言或破碎於大道然計其作者之意要之孔氏不有殊焉

謙案宋崇文總目其書皆有叙錄爲鄭樵所删識者譏之若今本則出近儒纂輯固不足睹其全矣此叙見於文忠本集其論儒家失得㝡能辯章學術與後之著錄家僅記篇目者不可同年而語且於六經之道知爲百王所法治世之用是儒者宗師孔子當依據經誼以措之治理非可支離破碎轉受迂闊無用之誚焉然歐陽子之尊仲尼至矣而謂孟荀之徒又駕其說以推大之

則可徵儒家不足以盡孔子孟子以下特本六經之說以扶衰興滯史公所云儒術獨絀孟某荀卿咸遵夫子之業而潤色之是也不此之察而以孔孟並稱雖孟子之距揚墨其功不在禹下然聖人之經所以垂法後王者僅爲一家之業不免卑視我孔子矣然則歐陽氏以孟揚諸子別之爲儒洵知言之君子也顧既云歷世轉述異端其言（此異端二字蓋謂同一儒家立言各異耳）又以作者之意無殊孔氏此又何說蓋如孟子之性善荀子之性惡立說不同均得聖人之一偏所謂不有殊焉者也夫俱爲儒家宗旨

不必盡合吾嘗謂內部之中不但百家異術即一家之
內亦有派別觀於此而益信
又案史記一書辨章學術故於老莊諸賢並爲列傳至
孟荀二子合之一傳誠以孟荀均儒家也韓愈氏曰孟
某荀卿以道鳴者是隋唐以前皆以孟荀並稱乃後世
尊孟子爲經而菲擯荀卿且黜諸從祀之列嗚呼何荀
子之不幸也夫荀子長於禮其言性惡也則原制禮之
始非十二子而兼及孟子亦取禮以折衷之論衡曰道
雖同同中有異不知二子之異同而於荀子必交口譏

之不亦謬乎今觀歐陽氏以孟荀相提並論然則北宋之世猶知聖道昌明荀子起衰之力不亞於孟子也或曰漢之儒者首推仲舒蓋以表章六經罷斥百家實自仲舒發之令不數董子反於揚雄則深美之其說可得聞與曰雄者儒家也雖自比孟子（法言曰古者楊墨塞路孟子辭而闢之後之塞路者有矣竊自比於孟子）爲識者所未信然法言序曰雄見諸子各以其知舛馳大氐詆訾聖人則固志在衛道者也所云又駕其說扶而大之者復何疑哉且昌黎爲古文大家歐陽師事之讀荀子一篇以荀子次某雄之間俱目之爲聖

人之徒則於兩漢儒家獨取揚子豈非說本退之乎

焦竑國史經籍志儒家子語子夏曰女爲君子儒無爲小人儒天子諸侯曰君卿大夫曰子孔子非欲以此名也冀以幷包兼容而勿區區自營之謂也子夏學不見大而硜硜於言行之信果此與細民何異荀卿氏有言儒耨耕不如農夫斵削不如工匠販貨不如商賈談詞荐撙不如惠施鄧析若夫商德而定次量能而授官使賢不肖皆得其位能不能皆以官萬物得其宜事變得其應四海一家歸命輻湊盖九流皆其用也豈與小道曲學僅僅自名者同乎

哉史遷敘諸家儒者才居其一彼未得其眞而即所睹記
者當之故以寡要少功爲詬病嗟乎此不敢以望子夏何
論君子古今作者言人人殊稍爲綴敘而或不純爲儒也
亦備列之殆益明儒之爲大已
謙案國史一志深於向歆之學蓋自唐宋以後一人而
已雖編次諸書並登亡佚或譏其失當然不可以一眚
而掩大德也顧今據荀子之言以明儒術之大則有未
盡然者焉聖人之道幷包兼容固非僅僅自名者比若
儒家者要不足以語此何則儒特一家之業耳而謂九

流皆其所用此未許爲知言也夫吾道一貫惟聖人能
之儒家之於九流即以荀卿論非十二子一篇於墨翟
宋牼魏牟愼到無不辭而闢之凡其所以巧詆而深排
殆欲尊儒家之道以爲如此則百家之說始熄也且道
家如莊子法家如韓子各崇所長以明其指莫不起而
攻儒矣是可見儒家不能用九流而九流亦不任儒家
之用也乃但知崇儒而以彼九家者必且隨其器使焉
通於家學者言之不當若是其易矣或者曰然則荀子
非與曰商德定次量能授官以至四海一家歸命輻湊

荀子之爲是言亦以爲儒家者功效至鉅初非謂九流道術盡爲包舉而囊括也不然何彼於諸家必斥其欺惑愚衆乎雖然吾非貶儒也蓋諸子十家異同分合之間有不容雜視者矣然而焦氏之意以九流爲儒所用後之儒者不知兼收并畜一切固距之其識不尤偏狹哉

又案儒家之中有君子小人如孔子言蓋自春秋時已然矣昔荀子有言曰正其衣冠齊其顏色嗛然而終日不言是子夏氏之賤儒也夫子夏在聖門列諸四科何

至受賤儒之誚不知荀子稱爲賤儒者既別之曰氏是特責其後學耳卽夫子之語以無爲亦出戒勉之辭而子夏豈眞儒家之小人哉焦氏云子夏學不見大硜硜於言行之信果此與細民何異是說爲幾將以子夏爲小人儒矣不亦傎乎且儒家原於司徒記曰孔子爲素王顏淵爲司徒可見孔子蓋以儒家之業傳之弟子令謂子夏曰女爲君子儒則尤明徵大驗也焦氏不達斯義反以細民當之何其好爲妄言若是乎雖然焦氏之譏子夏則失之而其解君子也屬之天子諸侯卿大夫

固有所本矣荀子儒效篇曰大儒者天子三公也夫以天子之貴三公之尊目爲大儒然則儒家者流非文士之誦法詩書空談經濟者可以語乎此或曰晏子爲齊相則誠卿大夫矣以漢志攷之如魏文侯六篇與高祖孝文二傳俱入之儒家是又天子諸侯矣然而有疑焉班氏謂儒家助人君高祖諸書以天子諸侯而編之儒家之內非自相矛盾與曰諸子一略以書爲定文侯孝文久已失傳無論已高祖一傳以述天子服言之（見魏相傳）所云是奉宗廟安天下之大禮則高祖十三篇者取其

指歸所在合於儒家之學說耳故儒家之術所以輔助人君語其大也天子以下皆可名爲儒者若以魏文數主雜厠儒林班氏詎至自亂其例哉蓋孟堅作志論其書未嘗論其人也然焦氏之言徵諸荀子其推重儒家亦不可謂無據矣要之爲儒學者派别不同志趣各異有君子必有小人此人品之所由判也乃焦氏本孔子之語而以詆毁子夏則大謬不然者矣

又案司馬談論六家要指其歸本道家與尚論時世余已詳言之矣其於儒家也雖謂之博而寡要勞而少功

然究其獘者未嘗不稱其所長也蓋談之闡明要指欲使後世學者知六家之互有得失耳焦氏之誤談爲遷此固不足辨彼於筆乘中亦嘗以其折衷羣言而深爲許之今云未得其眞抑何一人之說前後歧異若此乎

雖然儒家之學史談與名墨諸家相提並論僅僅居六家之一是果崇道而抑儒與非也其論儒曰序君臣父子之禮列夫婦長幼之別不可易夫儒家明教化契爲司徒教以人倫則談於儒家眞能知其宗旨所歸也且子長史記繼父而作觀其於孔子焉列諸世家幷爲之

贊曰可謂至聖是不徒以孔子爲儒敍次諸家而儒者才居其一誠以儒家一流亦與彼五家者同爲專家之業耳聞之史書通例傳諸侯則曰世家孔子而入於其中直以侯王視之豈與儒家之道爲人君助理者所可等量而齊觀哉曰未得其眞不知若史談者乃可謂識曲而聽眞也焦氏第以尊儒之故而未知辨析於此反以重誣古人語曰多見其不知量非焦氏之謂耶

漢志道家者流蓋出於史官歷數成敗存亡禍福古今之道然後知秉要執本清虛以自守卑弱以自持此君人南面之

術也合於堯之克攘（師古注攘古讓字）易之嗛嗛（註嗛與謙同）一謙而四益此其所長也及放者爲之則欲絕去禮學兼棄仁義曰獨任清虛可以爲治

謙案道家一流後世混入神仙而君人南面之術遂無有知之者矣夫神仙家者乃方伎之一與古之道家判然不同班志分析甚明而昧者猶雜視之可謂不善讀書矣不善讀書而於道家肆力詆之此家學之所以不彰也雖然道家之學爲君人南面之術奈何曰道家本治世之術其所言則皆君道也試徵之老子所謂甚愛

必大費多藏必厚亡國之利器不可以示人禍莫大於輕敵凡若此者豈非人君御世所當鑒誡哉即其無爲之說後人不知或失之因循坐廢詎知惟爲南面之術故以無爲爲貴嘗譬之君者心也百官者耳目手足也百官俱有執守人君則南面出治以庶事任之百官而不必躬親也此猶人之一身耳目手足各盡其勞心焉者非處之甚逸無所動作而以思慮爲之主乎老子曰聖人云我無爲而民自化我好靜而民自正我無事而民自富我無欲而民自樸若是道家言無爲專就君道

言之蓋可見矣昔舜之治天下也憂心焦思勤於民事而孔子贊之曰無爲而治者其舜也與夫何爲哉恭已正南面而已矣則道家所以尙無爲者觀於大舜不尤顯然易知乎且淸虛自守者老子所云見素抱朴少私寡欲也卑弱自持者亦即老子所云人之所惡惟孤寡不穀而王公以爲稱是也蓋爲人君者不明乎此必將以驕泰亡其國矣故道家之講虛卑弱寔君臨天下者之要道也抑嘗聞之論語矣子曰雍也可使南面仲弓曰居敬而行簡以臨其民不亦可乎夫簡也者秉要執

本之謂也老子亦曰聖人抱一以爲天下式由是言之人君撫綏萬邦亦惟執簡以馭繁得一以爲貞使處民物之上紛然雜陳不知握要以圖恐有日不暇給者矣然則史談之論道家謂爲指約而易操事少而功多眞有國家者治理之首務也然而是數者爲君人南面之術斯既然矣苟不觀往者得失之林則又未足以知此何也老子曰民之從事常於幾成而敗之禍爲福所倚福爲禍所伏又曰執古之道以御今之有能知古始是謂道紀則未達乎成敗存亡禍福古今之道所以秉之

執之守之持之者不能得其要妙探其本原甚且清靜則流於曠弛柔弱則近於庸懦後之帝王崇奉黄老者弊必至此而道德一家君人南面之術亦從是而無聞於世矣抑知爲道家者惟於成敗存亡禍福古今之道博覽而周知之故足爲治世之術耳吾願習其書者亦以君道求之慎毋與神仙並論也

又案史學源流唐劉知幾言之最詳余嘗讀其史官篇曰史之建官其來尚矣昔軒轅氏受命倉頡沮誦實居其職至於三代其數漸繁周官禮記有太史小史内史

外史左史右史之名太史掌國之六典小史掌邦國之志內史掌書王命外史掌書使乎四方左史記言右史記事曲禮曰史載筆大事書之於策小事簡牘而已大戴禮曰太子既冠成人免於保傅則有司過之史韓詩外傳云據法守職而不敢爲非者太史令也斯則史官之作肇自黃帝備於周室階是以觀史官之立以周爲備而其始則黃帝創之矣史記老子列傳曰老子者姓李氏名耳字伯陽謚曰聃周守藏室之史志云道家者流出於史官然則道家首推黃老殆亦以史官所由從

出乎當漢之世武帝置太史公位在丞相上以司馬談爲之凡天下計書先上太史副上丞相敘事如春秋及談卒子遷嗣之究天地之際通古今之變遂成一家之言乃自子長既歿後之續史記者若褚先生劉向馮商揚雄之流並以別職來知史務（說亦本史通）至魏晉以降不特文人儒士得與纂史之役又設爲監修以領其事於是天下無信史而折衷道家者龍門而外未聞有知此者也其所競競者不過於紀傳編年定其體裁而已子元所謂後來作者不出二途此其明證也且其記事也雖

於成敗存亡禍福古今亦能致其大略然得其道者則曠代而罕遘夫道焉者所以然之謂也後世史書論其當然不能識其所以然致使一代興衰之故茫焉莫辨史才之難有識者能無爲之長嘆乎昔孔子作春秋也嘗曰其義則某竊取之當時游夏之徒不能贊一辭是知春秋一經據行事仍人道因興以立功就敗以成罰假日月以定歷數藉朝聘以正禮樂非僅其事則齊桓晉文其文則史蓋有大義在也遷史之不虛美不隱惡揚子雲稱爲實錄固已得之乃於五帝本紀贊曰好學

深思心知其意則讀其書者又必窺其意之所注夫義
也意也卽道家一流歷數成敗存亡禍福古今之道也
不此之察爲史官者雜之星歷卜祝之間遂爲流俗所
輕矣世之譏道家者曷亦詳其所從出本爲修史之準
則乎
又案道家出於史官余已就其說而證成之矣然彼百
家者則亦原本史官何以知其然哉儒家有周史六弢
而周政周法周制非周之史書乎陰陽家有宋司星子
韋子韋者景公之史也墨家爲淸廟之守是祝史之遺

也尹佚二篇爲墨學所祖佚者周之祝史尤其明驗矣雜家之孔甲盤盂甲者黃帝之史農家之董安國氾勝之漢之內史御史也小說家之周考所以考周事也盖周代記事之史矣青史子古史官所記也虞初周說應劭曰其說以周書爲本非又周之野史乎兵家萇弘十五篇弘周史也若術數一家班氏云皆明堂羲和史卜之職此可知史官之流裔也即以漢志攷之道家爲史官所自出其餘諸子有不若此者哉太史公曰百家皆言黃帝夫百家學術無不崇尚黃帝者誠以史官一職

實自黃帝所設也雖然陰陽諸家史之別子而道家者史之大宗也班氏獨於此論列之者豈以漢代方士依附道家明其出於史官庶君人南面者不至惑於神仙而以爲經世之術乎嗚呼後之觝排百氏者既不知道家之學托始史官而於兵農諸子猶有逐末而窮其源者與余故取班氏之叙次道家並爲引申其義云

又案孟堅此志本之向歆父子觀其首序可知矣蓋子政之校理諸子也皆以聖經爲之論定故既曰合其要歸亦六經之支與流裔今於道家則曰合於堯之克攘

易之嗛嗛是足徵名墨數家盡合經教而道家實與易象相符也昔王弼爲老子作注復注大易說者以其空言名理深焉訾之詎知易與老子其義有互相表裏者乎聞之宋于庭先生曰老子爲周守藏史藏者歸藏也歸藏殷易其卦首坤孔子贊易多取歸藏（說詳論語說義）則聖人十翼所以知易之興也由於憂患而作蓋得之老子矣凡老子所云持而盈之不如其已揣而銳之不可長保金玉滿堂莫之能守富貴而驕自遺其咎皆有思患豫防之意故歸藏一易雖已不傳而老子道德經即其遺

說也孔子釋坤曰積善之家必有餘慶積不善之家必有餘殃臣弑其君子弑其父非一朝一夕之故其所由來者漸矣由辨之不早辨也易曰履霜堅冰至蓋言順焉則歸藏之先坤由文言觀之所以使爲君父者杜亂未萌亦可悟矣老子曰其安易持其未兆易謀其脆易泮其微易散爲之於未有治之於未亂是說也豈非居安慮危之指哉故善讀老子者謂歸藏至今存焉可也後之儒者乃屛之易道之外不其謬乎問者曰道家之通於易既聞命矣志獨取證於謙者將何說與曰嘗讀

說苑矣周公之戒魯公也有云貴爲天子富有四海不謙者先天下亡其身桀紂是也可不慎乎故易曰有一道大足以守天下中足以守國家小足以守其身謙之謂也若是易義雖廣惟以謙德爲主且繫辭亦云謙也者致恭以存其位則孔子傳易垂法後王亦以謙尊而光爲人君保位之本矣夫道家者君人南面之術也道家之淸虛自守卑弱自持合於易之嗛嗛蓋以君道所重在此耳彼無識者猶且排斥道家以爲離經而畔道夫亦不可以已乎

又案呂覽云老耽貴柔關尹貴淸子列子貴虛余已伸明其旨謂爲諸家之提要矣夫一家之中各有派別故同爲道家或以柔弱爲貴或以淸虛爲貴有分別部居不相雜厠者也志云淸虛自守卑弱自持雖未剖析言之然治道家學者苟欲知其指歸所在亦可取是說以求之至班氏論其獘曰獨任淸虛可以爲治固爲道家之失而豈知淸虛者實關列立言之恉也若然藝文一志非諸子之提要也哉

又案志云放者爲之則欲絕去禮學兼棄仁義曰獨任

清虛可以爲治是班氏爲道家扶其蔽短矣夫讀古人書有可反觀而得者何則去禮學棄仁義固出放者之所爲而古之道家爲君人南面之術則未有遺此者也管子曰禮義廉恥國之四維對桓公曰誅暴禁非存亡繼絕而赦無罪則仁廣而義大蓋徵之管子而已然矣至於老子又孔子所從而問禮者也若其論兵也則曰上將軍居右言以喪禮處之苟非精於禮學者其能知軍禮若此乎即所云大道廢有仁義絕仁棄義民復孝慈似與儒家之留意仁義異矣不知老子全書專崇道

德其謂大道廢有仁義者以世之本仁祖義由於大道既廢也其謂絕仁棄義民復孝慈者則以仁義之說行而民遂假託仁義漓其天性不復存孝慈之心也夫百家立言各有所主老子以道德爲歸欲推明其宗旨故於仁義則非所重耳余故謂治子書者必先究其宗旨所在乃知言有詳略不可執彼議此至老子一書合於大易謙卦之義前段不及備引願學者自求之爲補注于此且道德仁義禮五者有先後之分老子曰失道而後德失德而後仁失仁而後義失義而後禮足見道德既衰始重仁義仁義不明而禮學方興此其每下愈況非如後之人混合言之無所區別也

或曰於經有證乎曰論語子曰志於道據於德依於仁禮記曰道德仁義非禮不成則仁義與禮可知其降於道德矣自不善學者徒以老子之尊道德及其獘也遂至去禮學棄仁義乃揚子雲從而非之曰老子之言道德吾有取焉耳搥提仁義絕滅禮學吾無取焉耳而豈知老子實未嘗去未嘗棄也故班氏之言特以責放者之過未達其說并老子而誹毀之亦不思之甚矣不第此也清虛爲治又有反觀而可得者夫神仙一家不能與道家比其爲學也談空說元欲以措之治理誠有所

不可然沿其流而溯其源則道家者要爲治世之術也
問者曰神仙言養生道家不亦言養生乎曰其說則同
而其用意則有辨也道家長於治道以爲人君撫有天
下當盡其壽命不可惑於聲色貨利以戕其生故老子
曰貴以身爲天下若可寄天下愛以身爲天下若可託
天下蓋人主之身爲百姓所寄託使非善養其生而貴
之愛之桀紂之荒淫驕侈亡其身而並亡其國即基於
此若然道家養生之術與神仙家專工修煉以求不死
之藥者又可比量而等觀乎司馬談曰神者生之本形

者生之具不先定其神治天下何由通乎斯義道家爲治世之術而其言養生也亦就君道言之矣雖然道家末流之弊誠有不庸爲之曲諱者執此以議莊列諸家則非孟子知言之學也夫天下事以對鏡而明所貴辯章學術者亦以反觀得之而已矣易曰書不盡言言不盡意余於此志所云君人南面之術雖據老子作證然舉一偶當以三偶反讀莊列諸書亦願以是觀之

附錄

隋志道者蓋爲萬物之奧聖人之至賾也易曰一陰一陽之謂道又曰仁者見之謂之仁智者見之謂之智百姓日

用而不知陰陽者天地之謂也天地變化萬物蠢生則有經營之迹至於道者精微淳粹而莫知其體處陰與陰爲一在陽與陽不二仁者資道以成仁道非仁之謂也智者資道以爲智道非智之謂也百姓資道而日用而不知其用也聖人體道成性清虛自守爲而不恃長而不宰故能不勞聰明而人自化不假修營而功自成其玄德深遠言象不測先王懼人之惑置於方外六經之義是所罕言周官九兩其三曰師蓋近之矣然自黄帝以下聖哲之士所言道者傳之其人世無師說漢時曹參始薦蓋公能言黄

老文帝宗之自是相傳道學衆矣下士爲之不推其本苟
以異俗爲高狂狷爲尚迂誕譎怪而失其眞
謙案老子曰有物混成先天地生寂兮寥兮獨立不改
周行而不殆可以爲天下母吾不知其名字之曰道强
爲之名曰大是道之爲物無可名而名之者也志引易
曰一陰一陽之謂道仁者見之謂之仁智者見之謂之
智百姓日用而不知而爲之解曰陰陽者天地之謂道
者精微淳粹而莫知其體仁者資道以成仁道非仁之
謂智者資道以爲智道非智之謂百姓資道日用而不

知其用蓋道無定體仁者智者不過就所見而名之耳故道者萬物之奥聖人之至賾見仁見智非可即以爲道也雖然道家者治世之術古之人君清虚自守爲而不恃長而不宰往往恭已南面不勞聰明而人自化不假修營而功自成以之臻無爲之治矣乃復懼其言象莫測置之方外六經之中是所罕言者則又何哉曰天下有形者可擬有迹者可求道德高遠而玄深使不善用之將禮樂兵刑盡爲屏棄而其失也必至高語皇古因陋就簡思以圖治適如有晉之世用清談以誤其國

故曰苟非其人道不虛行則先王懼人之惑以方外處之不亦宜乎至我孔子之删修六經垂一王之法其教弟子也則惟斤斤於文行忠信詩書執禮而性與天道雖以子貢之知猶謂不可得聞然則聖人之經固爲人君立制而於道家之業略而不言者蓋欲人循守儒術留意仁義以輔佐人主庶萬世行之而無弊也然而道家一流詳論君道則不可以此而因噎廢食矣夫道家爲治世之術昔漢之曹參薦蓋公能言黃老於是文帝從之當時政簡刑淸媲美成康爲後世所莫及則志既

原其學術推之周官而又追慕漢文者誠以道家之秉要執本實南面聽治者之資也且夫儒家重師說道家亦何獨無之吾嘗讀史記矣樂毅傳贊曰河上丈人教安期生安期生教毛翕公毛翕公教樂瑕公樂瑕公教樂臣公樂臣公教蓋公蓋公教於齊高密膠西爲曹相國師由是觀之在參以前師師相承志謂黃帝以下僅以傳之其人殆未見及此也顧道之深遠不測彼未得其眞者每流於迂誕譎怪而不知施之治道此志所爲致慨於下士也夫

崇文道家原敘道家者流本清虚去健羨泊然自守故曰我無爲而民自化我好靜而民自正雖聖人南面之術不可易也至或不究其本棄夫仁義而歸之自然以因循爲用則儒者病之

謙案崇文此敘無所發明惟其言聖人南面之術不可易立說雖本班志道家之明於君道歐陽子蓋猶深知之然史談有曰其術以虚無爲本因循爲用無成勢無常形故能究萬物之情不爲物先不爲物後故能爲萬物主又曰虚者道之常也因者君之綱也可知道家一

流所以爲君人南面之術其綱要在因循矣今云以因

循爲用則儒者病之不知因循之説正從君道言之耳

則又所謂知其一未知其二也然論次道家以其無爲

好靜爲聖人南面之術則其識又豈易幾哉

國史經籍志九流惟道家爲多端昔黃老莊列之言清靜

無爲而已煉養服食所不道也赤松子魏伯陽則言煉養

而不言清靜盧生李少君則言服食而煉養張道陵寇謙

之則言符錄而不言煉養服食迨杜光庭以下至近世黃

冠獨言經典科教蓋不惟清靜之旨趣懵焉無聞而煉養

服食之書亦未嘗過而問焉矣而悉宗老氏以託於道家者流不亦謬乎大道以深爲根以約爲紀以虛極靜篤爲至故曰虛者道之常因者君之綱此古聖人秉要執本而南面無爲之術也豈有幾於長生哉然以彼儵然元覽獨立垢氛之外則乘雲御雨揮斥八極超無有而獨存特餘事耳昧者至棄本逐末誕欺迂怪因而乘之假託之書彌以益衆嗟乎世惟卓識殫洽者能辨學之正僞彼方士非研精敎典獨會於心烏能知其純駁擇善而從也世行道藏視隋唐宋著錄尤汎濫不經今稍刪次之如左

謙案道家之學至後世黃冠專言經典科教而去之滋遠矣然自赤松以下或尚煉養或尚符籙莫不託之老氏而道德一經所以爲治世之術遂致沉寃千載堙晦不明此似是而非者聖賢所由深惡而痛絕之乎夫周官一書周公致太平之迹也漢之王莽宋之王安石假此以更張舊制便其私圖而後儒因屛黜之近世有好言變法者又復取公羊春秋傳以伸其改制之說於是公羊家學亦爲世所詬病豈知此二經者特出不善學者之過非聖人之經足以禍國而蠹民也焦氏云悉宗

老氏以託於道家者流不其謬乎嗚呼古人何不幸而遭此黎邱之鬼哉雖然孔子之大即有依託之者究無傷於日月若老子者自爲末流所託而君人南面之術迄今未有知之者焉夫老子長於治道其所謂致虛靜守極篤固南面無爲之術也司馬談謂以虛無爲本因循爲用虛者道之常因者君之綱是但就人君而言彼不知者既未識虛無因循爲君臨南面者所貴反以史談之學主於黃老並從而誹訾之非蔽所見聞與而其失也則由於經典科教皆坿會老子之説耳或曰長生

久視老子不嘗言此乎曰老子之言長生也蓋欲爲人君者淸心寡慾無爲外物所誘以喪其身非與神仙一家別求金石不死之藥者所可同日而語況莊子之歿其書載之史記老子列傳並敘其世裔則道家豈以長生爲務哉抑吾觀莊列二家生死去就無不淡然若忘可知彼方以身處亂世不以幸生爲樂然則却楚王之聘拒鄭相之粟曾謂貪生者而能若此乎故讀其書者正可得達生之義而惑者轉以長生之說謂原於古之道家則斷乎其不可矣焦氏曰乘雲御雨揮斥八極超

無有而獨存特餘事耳其見洵卓矣然猶未知神僊修煉乃抱樸子之所爲而老子諸書則未之及也且攷之隋志釋道兩家別列集部之後今云世行道藏視隋唐宋著錄尤汎濫不經夫既知其汎濫不經矣則不當以後之道藏與道家類聚雖稍加删次要可云失之毫釐者也然而有宋以來擯諸子爲異端而於道家則尤攻之不遺餘力如焦氏者能知聖人秉要執本南面無爲之術吾安得斯人而與之同游哉

漢志法家者流蓋出於理官信賞必罰以輔禮制易曰先王

以明罰飭法此其所長也及刻者爲之則無教化去仁愛專任刑法而欲以致治至於殘害至親傷恩薄厚

謙案史記有云禮禁未然之先法施已然之後是禮之與法義相表裏者也昔荀子原禮之緣起曰先王惡其亂也故制禮義以分之老子亦曰失道而後德失德而後仁失仁而後義失義而後禮禮者忠信之薄而亂之首蓋上古之世渾渾噩噩人相尚以道德及至道微德衰於是仁者治人義者治我而聖王經世之術幾將即於窮矣窮則思變爰爲約之以禮使人與我皆循循於

軌物之中而不敢踰越故禮也者實理亂之道也且班氏於禮家曰易曰有夫婦父子君臣上下禮義有所錯而帝王質文世有損益至周曲爲之防事爲之制故曰禮經三百威儀三千夫所以爲之防爲之制者則禮一法而已矣傳云出乎禮者入乎刑則刑法者補禮教之不足而禮教之作蓋欲人無蹈於刑正名定分束身而寡過也若是法家一流志謂以輔禮制豈不信哉豈不信哉今夫賞罰者國之大柄也人主之御天下爲之臣民者胥服其德而畏其威則以刑賞之權操之在上耳

然而有失焉後之人君往往賞不當其功罰不當其罪任情喜怒以一己之愛憎而倒置行之由是受賞者生於僥倖受罰者懷其憤恨卒至衆叛親離而國非其國矣不特此也韓非子曰田常上請爵祿而行之羣臣下大斗斛而施於百姓此簡公失德而田常用之也故簡公見弒子罕謂宋君曰夫慶賞賜予者民之所喜也君自行之殺戮刑罰者民之所惡也臣請行之於是宋君失刑而子罕用之故宋君見刼據此觀之賞罰二者人君當並操之而不可有偏廢執其一端而以利器假人

非有國者之大患哉法家之學專務信賞必罰詔示後王誠以賞罰者治世之要道也夫天時不能有暑而無寒人性不能有善而無惡爲君上者使在德不在刑好生而惡殺不能寬猛相濟正有子產所云水懦弱民狎而玩之則多死也如是而謂法律不必定者未之前聞抑唐虞三代之時其治極盛矣舜之命皋陶也則曰蠻夷猾夏寇賊姦宄女作士明於五刑以弼五教而司寇一職周官設之若法家而可去則舜之南面無爲何以使皋陶爲士周公輔相成王衆建百官何以必立司寇

乎志云出於理官雖未詳論其時代而黃帝有李法理
李者古之通用字則法家之本於官學其自黃帝始也
明矣雖然諸子道術爲官守之遺學者已不知之彼法
家者尤以佐禮制之不及而反爲之深閉而固距焉詎
非惑歟孔子之言曰禮樂不興則刑罰不中刑罰不中
則民無所措其手足此可徵聖人爲政以爲當務之急
者亦以禮法並重矣何則禮法者相輔而行者也
又案法家之術久爲吾儒所不道然志引易曰先王以
明罰飭法則易之爲教不廢刑法矣漢之賈誼大儒也

陸德明經典敘錄直於左傳則云荀卿授陽武張蒼蒼授洛陽賈誼蓋誼固孫卿再傳弟子也故其學長於禮乃太史公自序曰賈生明申商斯可見習於禮者必通於法而古之爲儒者又未嘗非黜法家也且孔子删書獨存呂刑子產鑄刑書則稱之曰惠人陽膚學於曾子及其爲士師也曾子告之曰上失其道民散久矣如得其情則哀矜而勿喜是又以用法之要語夫學者矣即班氏論次儒家凡周政周法無不載之其書雖不傳固嘗自爲之注曰周時法度政教法天地立百官則皆法

家之言也至內業之書今管子有其一篇管子者非以道家而兼法家哉（七略互見法家見史記注）志並入儒家之中若是儒不足爲榮法亦不足爲辱矣後世儒者其未仕也則循誦詩書不能究其微言大義以推之世用迨學而入官則遂假手於人乃猶以刑名法律鄙棄之而不惜觀嗚呼何其僞也夫法家之道尊君卑臣崇上抑下又豈第嚴刑峻法之謂也哉儒統之一由於漢武之罷斥百家其說則董仲舒創之吾讀春秋繁露保位權篇曰既有所勸又有所畏然後可得而制制之者制其所好是

以勸賞而不得多也制其所惡是以畏罰而不可過也
又曰國之所以爲國者德也君之所以爲君者威也故
德不可共威不可分德共則失恩威分則失權爲人君
者固守其德以附其民固執其權以正其臣則人主之
用賞罰也正所以制治臣民而爲守位之本矣夫董子
非儒家歟乃其立言之旨與法家相合然則俗儒之賤
視申韓亦反復思之可矣
又案聖人之作春秋爲禮義之大宗蓋筆削之意皆上
遵周公舊制也志於春秋家曰周室既衰載籍殘缺仲

尼思存前聖之業乃稱曰夏禮吾能言之杞不足徵也殷禮吾能言之宋不足徵也文獻不足故也足則吾能徵之矣以魯周公之國禮文備物史官有法故與左邱明觀其史記以此言之春秋一經本乎周公之禮者也夫禮所以辨上下定民志春秋者非以道名分者哉法家者流志謂其輔助禮制固以見禮法二者有相通之義而豈知其尊君卑臣崇上抑下又得之春秋乎昔吾讀韓非子矣見其述楚共鄢陵之戰晋文出亡之事文與左傳同嘗疑之及讀史記十二諸侯年表於左氏以

下並溯韓非且其言曰皆捃摭春秋之文以著書然後知如非者眞傳春秋之學矣夫韓非師事荀卿者也劉向序荀子曰善爲詩禮易春秋則非之論法其書雖爲韓而作而春秋之說親受之於荀氏矣抑又聞之春秋孔子之刑書是聖德在庶不能行賞罰之權而其褒善貶惡達吾王心則實立一王之法也若是爲法家者不特輔佐禮教規規於信賞必罰者竊取春秋之意云爾

又案論衡有言曰道雖同同中有異故諸子百家語其同也合其要歸皆六經之支裔語其異也一家之内各

有宗派何以識其然哉若申子若商君非俱爲法家之學乎乃觀於韓非子則知其爲用不同矣定法篇問者曰申不害公孫鞅此二家之言孰急於國應之曰是不可不程也人不食十日則死大寒之隆不衣亦死謂之衣食孰急於人則是不可一無也皆養生之具也今申不害言術而公孫鞅爲法術者因任而授官循名而責實操殺生之柄課羣臣之能者也此人主之所執也法者憲令著於官府刑罰必於民心賞存乎愼而罰加乎姦令者也此臣之所師也則申商二氏豈非一以言術

一以爲法有同歸而殊塗者哉或曰韓非子者亦法家也其於申子之徒術商君之徒法在所不取然則如非者又何爲乎曰非蓋兼而行之者也史記列傳云喜刑名法術之學非其明徵歟是故治諸子者知其分矣如孟荀爲儒老莊爲道是又當知其合知其合矣又當知其分苟於異同之間瞭然如指諸掌用是而窺其立言之恉庶不難矣蓋古人著一書未有雜然無主者也

又案法家之中其已亡者如李子申子處子此固不必論矣慎子四十二篇今存者五篇則非完書也亦可無

辨若讀商君書而不攷其地讀韓非子而不論其世古人於是寃矣淮南子曰秦國之俗貪狼强力寡義而趨利可威以刑而不可化以善可勸以賞而不可厲以名故商鞅之法生焉則商君之法術嚴酷蓋以秦地之民俗如此耳史記列傳曰非見韓之削弱數以書諫韓王韓王不能用於是韓非疾治國不務脩明其法制執勢以御其臣下富國强兵而以求人任賢反舉浮淫之蠹而加之於功實之上悲廉直不容於邪枉之人觀往者得失之變故作孤憤五蠹內外儲說林說難十餘萬言

又足徵非之定法以其時韓國削弱不務脩明法制故耳若是此二家者一則以俗尚强悍一則以時值衰亡各用其所學以爲補救之方亦可明矣至鞅爲秦惠所殺非爲李斯所害此特出於私意而後儒不知皆以爲轘藥之禍由於崇法所致嗚呼鞅與非豈足服其心哉

又案古人之學最重師承史晁錯列傳云錯學申商刑名於軹張恢生所與洛陽宋孟及劉帶同師則法家之術世有傳授矣晉書刑法志秦漢舊律其文起自魏文侯李悝撰次諸國法著法經以爲王者之政莫急於盜

賊故其律始於盜賊盜賊須劾捕故著網捕二篇其輕狡越城博戲假借不廉淫侈踰制爲雜律一篇又以具律具其加減是故所著六篇而已然皆罪名之制也商君受之以相秦如其說鞅之爲秦立法則師事李悝矣至韓非學於荀卿而自成法家尉僚學於商君而別爲雜家（劉向別錄云僚爲商君學）雖互有出入要可見法家一流未嘗無師傳也後人但知儒者釋經確守師說而孰知爲法家者亦若是乎然此第刑法一家耳余於所著要略後附立一表以明淵源之所自今故略言其槩云

又案法家派別余於前篇已詳言之而其相通之理則學者又不可不知也太史公以申韓二子合老莊爲一傳並爲之說曰申子之學本於黃老而主刑名韓非者韓之諸公子喜刑名法術之學而其歸本於黃老則法家皆通於道矣申子書已亡韓非子不有解老喻老兩篇乎其爲老子作注是非固深於老子者也荀子曰慎子蔽於法而不知賢今志入之法家誠得其當矣史孟荀列傳云慎到趙人學黃老道德之術著十二論則慎子雖爲法家又通於道家者也管子之言曰明主之治

天下靜其民而不擾佚其民而不勞不擾則民自循不勞則民自試故曰上無事而民自試又曰法立而民樂之令出而民銜之法令之合於民心如符節之相得也則主尊顯故曰銜令者君之尊也然則志以管子列道家而七略並次法家特爲孟堅所省耳蓋管子本爲道家其出而治世作用則在法矣不學惟是商君者法家也乃農家神農二十篇劉向則云李悝及商君所說若然鞅以法家而通於農矣抑吾嘗讀其戰法兵守諸篇初不解鞅以法術聞於後世而於戰守之道何以論之

極精及觀志兵書一附於權謀家有[illegible]數二十七篇然後知鞅又通於兵家者也班氏所以互見之者非以其長於兵謀哉夫道與兵農皆專家之業也豈知法家者流無不通其學則治其書者苟能明辨乎此庶不疑宗旨之雜入矣

又案志云刻者爲之則無敎化去仁愛專任刑法而欲以致治至於殘害至親傷恩薄厚此法家之敝失吾固不能爲商韓諱矣然而有辨焉商子靳令篇六蝨曰禮樂曰詩書曰修善曰孝悌曰誠信曰貞廉曰仁義曰非

兵曰羞戰國有十二者上無使農戰必貧主削夫儒者助人君明教化游文於六經留意於仁義鞅獨稱之爲六蝨者以法與儒家擇術不同耳且由其說求之鞅蓋恐國勢貧弱故專務兵農二者去彼就此以爲捄衰之道也韓非之言曰文王行仁義而王天下偃王行仁義而喪其國是仁義用於古不用於今也故曰世異則事異又云今有不才之子父母怒之弗爲改鄉人譙之弗爲動師長教之弗爲變夫以父母之愛鄉人之行師長之智三美加焉而終不動其脛毛不改州部之吏操官

兵推公法而求索姦人然後恐懼變其節易其行矣故父母之愛不足以教子必待州部之嚴刑者民固驕於愛聽於威矣則非之不崇教化兼去仁義者明乎古今異宜刑法之嚴所以佐父母之教也雖然班氏之說非歟曰是也揚子雲云羣言淆亂折諸聖余嘗取聖人之言以補法家之獘矣子曰道之以政齊之以刑民免而無恥道之以德齊之以禮有恥且格如法家者使能於明法之後而更以德禮行之則爲純王之治不復有殘刻之患也顧百家學術各有所宗刻者所爲雖專任刑

法抑知惟爲法家故以刑法爲主況商韓二子又相地制宜因時濟變者乎夫天下有治世之學術有亂世之學術昔者武侯之相蜀也信賞必罰綜覈名實於用人行政皆斷之於法在武侯以王佐之才彼豈不知教化仁愛之爲美哉反謂商君書益人意志而以法爲歸蓋三國之世適當離亂故耳余故謂治諸子者當尚論其世又貴審乎所處之時善爲用之必以法家蔽失而巧詆深排是眞所云因噎廢食矣有志圖治者尚其鑒諸

隋志法者人君所以禁淫慝齊不軌而輔於治者也易著
先王明罰飭法書美明于五刑以弼五教周官司寇掌建
國之三典以佐王刑邦國詰四方司刑以五刑之法麗萬
民之罪是也刻者爲之則杜哀矜絕仁愛欲以威劫爲化
殘忍爲治乃至傷恩害親

謙案漢志以法家一流出於理官已可見諸子百家無
不本之官守矣今隋志又證之於司寇司刑則周官一
經眞千古之學案也昔秦始皇兼幷天下焚滅六經阬
殺儒士專用刑法於是百姓怨之傳至二世而亡故有

國家者遂以法術爲諱然當其時命學者誦習法令以吏爲師彼不知者徒見秦之尚法而孰知其以吏爲師者盖將合官師爲一以復周官之舊也孔子曰修廢官又曰天子失官學在四夷盖自周室東遷列國各異其政教所以求治之道不在上而在下其時輔相之臣用其私家之學起而行之故管仲以道家而霸齊由余以雜家而興秦鄧析以名家而子産取其竹刑晏嬰以儒家而景公去其驕行雖未立專家之業亦由周官既廢乃始崇其所長以措之治理也及春秋而後諸子蠭作

其道則因勢利導皆思見之實行然以私師授受至是而學術之不統於官也久矣夫學術不統於官朝廷建一事設一令爲人民者竊竊焉從而誹之則處士橫議豈非天下之大患哉故秦之偶語燔書重詐力而棄仁義其不足長治久安者亦因其宜顧學法令而師事官吏則猶周官之制也志嘗曰世之盛也列在衆職然則修史者以家學而原於周官其亦深慨夫後之學者習非所用用非所習出而服官往往兵刑錢穀一切不知遂以思周道之隆乎且吾讀孔德璋上法律表矣其

立言之意歸之助教一員誠以刑律者民命所關不立
顓官使肄業及之其爲害必匪淺尠矣夫法家爲儒者
所屏吾固不欲人之杜哀矜絶仁愛而以此爲務或失
於嚴刻也然由孔氏之説觀之則秦之置吏俾讀法者
奉以爲師要未可厚非也況其得周官之意歟語曰堯
舜不勝其美桀紂不勝其惡周之井田封建秦盡廢之
過矣其幸存者則法吏是也必幷此而譏之不太甚乎
或曰周官之法自新莽而後何以行之而適以禍國曰
此豈周官之不善哉昔隋之王通大儒也其言曰如有

用我執此以往蓋知此一書者周公所以致太平之迹也然志於法家而徵之司寇司刑則周官者不特爲治世之具已也蓋又千古之學案矣

又案志引易明罰飭法書明於五刑以弼五教蓋謂法家之學合於經教也知言者不當若是哉然春秋道名分韓非崇法得春秋之傳（說見前）彼固未知之後漢書應劭傳曰膠東相董仲舒老病致仕朝廷每有政議遣廷尉張湯問其得失於是作春秋決獄二百三十二事動以經對則法家之通於春秋以董子言之是亦一證也

至書之所謂五教者即孟子所云教以人倫父子有親君臣有義夫婦有別長幼有序朋友有信也聖王之定律也皆以喪禮爲準凡人之有背倫紀者無不處之以極刑若然法之與禮眞相輔而行者也嗚呼後世禮教不尊而於刑法又欲以簡略出之豈知此義者哉

又案道法二家其學相通余已詳論之矣今志以管子一書冠諸法家之首則編次未得其當也何則管子者七略兼入法家而班志則厠道家之中雖於同源異流之故不能以互著而見然管子實爲道家也夫道家者

君人南面之術自有管子乃足徵古之道家未有不長於治道者若僅列法家則失其眞矣昔陳振孫作書錄解題謂管子似非法家此言誠得之然卒疑置之道家以爲不類彼蓋未明道家之旨非專任淸虛而不足治世也顧其誤則始於隋志余故急爲辨正之

崇文法家原叙法家者流以法繩天下使一本於其術商君申韓之徒乃推而大之挾其說以干世主收取功名至其尊君抑臣辨職分輔禮制於王治不爲無益然或狃細苛持深刻不可不察者也

謙案戰國之世學校已衰故士之奮志功名者不得不出於游說即以孟子大賢亦從者數百後車數十以傳食於諸侯蓋時勢使然也史記申子列傳曰學術以干韓昭侯昭侯用爲相內修政教外應諸侯十五年終申子之身國治兵強無侵韓者是申子嘗挾其說以干世主矣然卒能使國治兵強則其功亦甚鉅況其進身之始雖近於立談取卿相而不知當時取士之法實由於此乎若韓非子者著書在前入秦則在後太史公曰人或傳其書至秦由此觀之非之書爲韓而作非挾策以

干時者也遷史具在彼無識者猶謂非之明法觸李斯之忌而自以取禍豈不寃哉歐陽氏知法家之說於王治不爲無益其論當矣乃以申韓之徒謂其干謁時主則仍蔽所見聞也孟子曰誦其詩讀其書不知其人可乎是以論其世也爰本斯義爲之匡其謬云

國史經籍志古有九流輓近世幾於絕矣而墨從橫名法爲甚其篇籍多軼以此夫三家於理不衷於用非亟固也至法也者人君所以紀綱人倫而遏絕亂畧顧可一日廢哉百家蠭起皆率其私智以自埒於聖人以譁世而惑衆

然其失繇於各舊其私智而其長蓋或出於聖人在善用之而已不然貽銜委馭四壯橫犇而欲以和鸞節奏救皇路之險傾其可幾乎今仍列其書以備法家

謙案百家之學於戰代爲最盛而其衰微之故則原於漢武之屏斥以表章六經耳盖自此以後儒統既尊而諸子則目爲異端矣然儒道之大宗師聖人其貴顯之也固宜彼九流者皆捄時之術焦氏所謂出於聖人是也顧從横名墨必以篇籍之散佚病其於理不衷於用非亟夫豈然哉墨子之書至今未亡名家一流其存者

不有鄧析尹文與公孫龍子乎鬼谷子者雖未載於漢志然劉向嘗引其說見說苑應劭風俗通義亦稱鬼谷爲從橫家矣則其書自古有之至此三家者果善用之皆濟變之具也何則墨子尚儉其所謂節用節葬者使時君有驕奢之行而生則治臺榭死則治陵寢正可取其說以矯之名家之崇實黜僞其弊也苛察繳繞誠有司馬談所譏儉而失眞者然正名辨物雖聖人爲政亦以此爲當務之急惟從橫一家苟其時無敵國外患則於用似可緩耳特是有漢以來邊釁屢開所貴有專對之

才長於辭令庶使於四方乃不致上辱君命夫從橫者古之掌交也後世有交鄰之責者其可無蘇張之說權事制宜以弭兵戎之禍乎然則三家爲有用之學焦氏菲薄之抑亦過矣雖然焦氏言此者蓋以明法家之不可廢耳以法家不可廢故於三家遂惡其不衷於理而議其爲用之非要不然彼論名家也則曰不覈其名實御衆課功反上浮淫而訕功實難以爲國其論墨家也何以於兼愛之指謂與聖人道濟無異若其論從橫家也不又取呂相絕秦子產獻捷魯連之全趙左師之悟

主以證之哉可知焦氏未嘗貶抑三家矣今夫法者宜
人君所以犯綱人倫遏亂畧者也自有舞智者出高下
在心輕重任意遂使申商之徒獨蒙惡聲皆若輩有以
致之也焦氏曰在善用之後之執法者不當慎之又慎
哉